簡單說

The law of 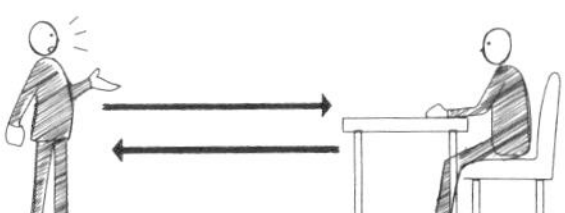 IKPOLET

犬塚壯志
Masashi Inutsuka 著

瑞昇文化

前言

未經傳達的知識和技能就「什麼也不是」

「人們口中的毒，可以粗分成毒物和毒藥2種……」

「你們知道有一種毒對身體很好嗎？」

哪一句話比較能引起你的興趣呢？

左邊那句聽了會讓人心想「是什麼!?」然後就想繼續聽下去，對吧？

我這10年來在駿台補習班擔任衝刺班講師，而現在則作為一個專為商務人士開班授課的講座講師，不停思考該怎麼做到讓對方感覺淺顯易懂的說明。

我還在念大學時就因為打工而開始從事補習班講師了，只不過那段時期的我是那種

「複雜的東西複雜解釋」的典型例子，也就是一個不合格的講師。

當時我的課，講白了就是「死板」，一點也不有趣。

上我課的學生，模擬考成績也不怎麼亮眼，有些人終究沒能考上自己的志願。

同時，我的心中旋起了一股無法接受的心情。

「我明明解釋得要死要活，為什麼那些學生連這麼簡單的事情都搞不懂啊!!」

私生活方面，我也跟當初交往的女朋友發生了一些事情。當時我們為了買聖誕禮物，跑了一趟名叫4℃的飾品店。

才剛到店門口，我就開始說一些她根本連問都沒問的化學知識。

「這間店之所以取名4℃，是源自於H_2O密度最大時的溫度。冬天較冷的時候，水的上層雖然結冰，但冰層之下的水溫則會維持在4℃……」

她讀文科，聽了我這番話當然覺得很煞風景。結果更糟糕的是，她跟我撒嬌說想要買鑽石項鍊時，我卻又秀了一堆知識。

說明能力是千萬人夢寐以求的技能

「我是沒有很想花這麼多錢在跟自動筆筆芯成分一樣的碳塊上啦。妳想嘛，鑽石跟筆芯的主成分其實就是炭的同位素關係……」

她聽了整個人大發雷霆。

「你說的東西這麼複雜，誰聽得懂啊。而且我根本對那種事情一點興趣也沒有好不好！」

就算你努力習得知識和技能，如果不能讓對方聽明白，那就什麼都不是了。

對方沒興趣的話和沒好處的事情，就算你再怎麼拚命解釋，他也是左耳進右耳出。

如果沒能傳達給對方，那對那個人來說這件事情就等於「不存在」。

這麼理所當然的事情，當時我竟然連根毛都不懂。

而更諷刺的是，我以失戀為代價才親身體會到這件事情。

前言

「再這樣下去，我搞不好就要回家吃自己了……」

事情發生在我還是個社會新鮮人的某天。

在那天之前我一直對自己的說明沒有自信，當天也一樣，下課後我一個人在講師休息室捶心肝。明明嘗試過這麼多方法，卻始終感覺不出確切的效果，我一籌莫展，正煩惱到底該怎麼樣提高自己的能力才好。

這時突然有個學生過來，對我說了句話。

「老師今天解釋的東西跟之前不一樣，超好懂的！我一直弄不明白的地方老師也都一針見血地解釋清楚了，真的超有搔到癢處的感覺捏☆謝謝老師！」

我啞口無言。那天上課時，我抱著被學生當白痴也不管的心情，強迫自己不要搬出專業術語，用小學生也聽得懂的簡單詞彙來說明。稍微小複雜的主題則盡可能加入具體的範例和比喻來說明。

我自己是很懷疑「把說明的難度降低成這樣倒底行不行啊……」，但換作學生的角度來看，好像不是這麼一回事。

「原來複雜的東西照原本的樣子說明是沒辦法讓對方搞懂意思的。」從那天起，我開始認真鑽研怎麼樣才能讓學生聽懂對他們來說比較困難的內容。

我把過去的陳見統統丟掉，每天拚命思索對對方來說，到底怎麼樣的說明才淺顯易懂。

「要說明得淺顯易懂，注重的不是自己想怎麼說明，必須要從學生會怎麼接收為出發點思考。」——當時那位同學的笑容，讓我意識到了說明時最重要的事情是什麼。

想要做出對對方來說簡單好懂的說明，需要一點點訣竅。

這種訣竅不僅對我這種在補習班教高中化學的人有用，想要傳達自己對釣魚、將棋和圍棋、觀看運動比賽的熱情給其他人的人，這些技巧一定也派得上用場。

在社交媒體普及的社會上，個人很容易就能發出訊息，透過YouTube和部落格發表自己專業領域話題供圈外人閱聽的機會較以往壓倒性增加。

正因如此，**新時代下，為了好好當個享受興趣的人，說話時讓自己專業領域之外的人也能簡單聽懂的能力是不可或缺的。**

而且，我認為每個人都會對某些東西感興趣、或是特別關注。不覺得能把你的專業領域和個人堅持簡單傳達給別人明白是一件令人興奮的事情嗎？

我覺得**如果有辦法深入淺出說明只屬於你的堅持和專業領域的話題，可以增加對你有所共鳴的人，世界也會變得越來越有趣。**

「困難」代表了你和對方的落差

只要能把你有興趣、關注的事情以簡單明瞭的方式說給對那些領域不了解的人聽，就可以顯現出你的稀少性。

換句話說，資訊的價值（value）就會提升。光是把資訊握在手上根本不會有任何價值，唯有使用才能造就價值。

教育界的情況也一樣，光是擁有高專業度的知識仍是美中不足，必須讓別人了解到那些知識，知識的價值才會湧現。

如果無法將知識傳遞出去，那教育就一文不值。

研究領域也是，從事研究的人有機會在學會上或以論文發表自己的研究，而同樣只要不能讓非專業領域的人明白，你的研究內容就算再出色，也一點價值也沒有。

這時，你需要的能力就是有辦法**「將困難的事情簡單說明」**。

這裡說的「困難」不光是指社會上普遍認為的高專業學問，還包含了你喜歡的動畫、戲劇、運動，任何你熟悉的事情，我們都可以用「困難」來表示。

我想應該不少人會有下面這些類似的想法：「咦？我覺得模仿我喜歡的樂團彈奏一點也不困難啊。」或是「攀岩的樂趣，只要試過一次就知道了說。」

可是，那只是對已經理解內容的你來說「簡單」，對別人來說還是未知的事情，所以會覺得「困難」。

「困難」和「簡單」都是形容詞，基本上屬於主觀的感受。

也就是說，這本書講的「困難的事情」並不是指對你來說難度很高的事情，而是對對方來說感覺難度很高的事情。

換個方式說，**當你和對方的知識和理解程度存在落差時，那份差距會讓對方感到「困難」**。

畫成圖的話，感覺就像下面這樣。你（說話者）和對方（聽者）的知識和理解程度相差越多，你想要說明的內容對聽者來說可能就越「困難」。

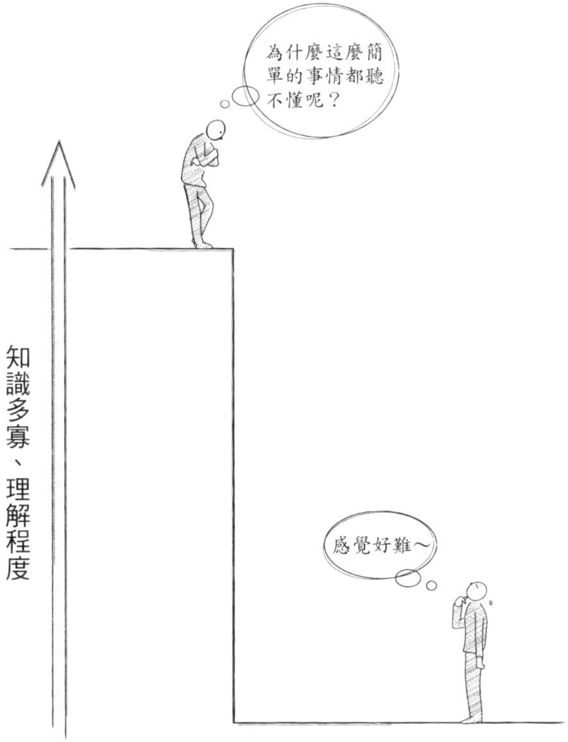
為什麼這麼簡單的事情都聽不懂呢？
感覺好難～
知識多寡、理解程度

你擁有只有你才能傳達的知識和技能

在這個資訊爆炸的時代，只要能將你了解的事情簡明扼要地告訴別人，就會讓你變得有價值。

請看左頁的圖。

我稱這張圖為「說明價值矩陣」。

先看左圖的右上。實際上，**資訊化社會上最有價值的說明，就是有辦法將對方覺得困難的事情深入淺出地傳達。**

資訊的稀少性就由此而生。

簡單傳達對方已經理解的事情，並不會造成多大的不同。

而困難的事情用難懂的方式告訴對方，會造成對方理解混亂，這樣反而是變成負面價值。

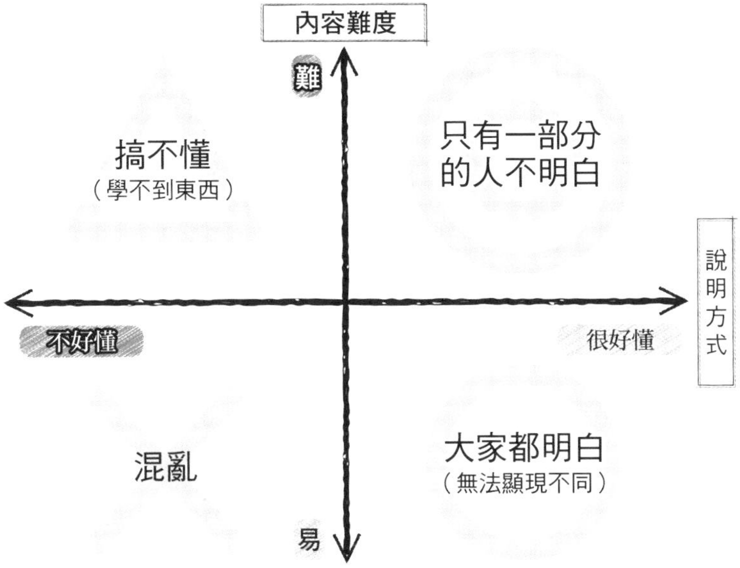

價值最高的說明，就是將難度高的內容簡化到對方能理解的程度來說明。

不知道各位有沒有在逛網頁的時候產生過一種想法：

「這個人根本不懂吧。」

假設你的興趣是精油，查相關網站的時候點開頭前面幾項搜尋結果，心想「要是我的話一定可以解釋得更好……。」——有沒有體會過這種因為看到別人談及你的專業或執著的部分而感到不爽，整個人悶悶的感覺呢？

這就證明了你擁有只有你才能傳達的

資訊（知識和技能）。

如果可以將這些事情說明得老嫗能解，就會讓你產生偌大的價值。

從學力偏差值30多的學生，躍昇為培養出眾多東大生的補習班講師

最近我因為工作上的關係，和商務人士以及經營者的見面機會多了起來。

我告訴他們我從事升大學補習班的講師後，他們會說：「想必你以前就很愛念書，腦袋也很好吧？」我回答：「沒這回事。」，但他們大多都會說：「哎呀……你太謙虛啦。」

這種情況我都一定會告訴對方：「是真的。我高三那年的春天，模擬考學力偏差值也才30幾※而已。」因為這就是事實。

我一說出這句話，對方也難免露出「真的假的……??」的表情。

※換成台灣的模擬考，大約是PR值10不到的感覺。

補習班講師常常給人一種很擅長說明事情的印象，所以好像很多人會覺得我們本來就是會讀書的人。

可是我個人是那種念得很差，理解又比身邊其他人還慢的人。

但也因為慢，**我才有辦法把通往理解的過程仔細拆解、花時間慢慢觀察。**

從這些經驗，我獲得了比其他人更多的機會去思考，要怎麼樣把自己會的事情，說明給完全不懂的人聽。

後來便想：「這種經驗有沒有辦法轉換成『任何人都可以學會的能力』？」

我意識到，**有一種說明技能，正因為理解得慢才學得會。**

上我課的學生裡，有人很會念書，也有人完全不得要領。偏差值差距有26～70※這麼大，擅長科目、不擅長的科目也都不盡相同。

就是因為有學力差這麼多的狀況，我認為才需要磨練「任何程度的人都能聽明白的

※PR值不到10～90以上（最大差距）。

說明技巧」。

就結果來看，目前我已經讓５００名以上的學生考進東京大學、讓２０００名以上的學生考上醫學院。

還幫助學力偏差值40※多的學生考上東京大學、協助原本讀文科的學生考上醫學院等，碩果累累。這些當然都是學生們的努力帶來的禮物。

不過，對這些莘莘學子做出的適切說明，我想還是多少助了他們一臂之力吧。

托他們的福，我也成了日本補習業界首屈一指的化學講師，並於去年離開了工作許久的駿台補習班。現在我希望能將自己至今所學告訴更多人，這個想法促使我開始教導經營者和商務人士在接下來的時代所需的value creation（價值創造）技能和個人能力的要領。

另外，從去年開始，我希望將自己的知能和技能轉換成更具社會意義的東西，於是進入東京大學研究所開始進行以「學習科學」為基礎的研究。

※PR值35不到。

所謂的學習科學，簡單來講就是「為了讓對方徹底了解一件事情，鎖定平時反覆進行的課程中有效的情形並加以分析。」

這是一門以讓學習者深度了解為目的，貨真價實的學問（基礎為認知科學）。學習科學的研究風格並非像過去一樣，是以在實驗室控制變因所進行的實驗為基礎來做研究，而是追求從實踐過程中抽取出真正有用的東西。

這種精神與我一貫的心態不謀而合，我的想法就是將在補習班這個實踐教育的第一線所學的技能和知能加以拋光，活用於各種立場的人身上，因此我選擇了這條路。

本書中也摻雜了一些學習科學的知識，不遺餘力告訴你如何將你擁有的資訊（知識和技能）傳達給不了解的人，並將技巧和要領轉換成任何人都能用的「公式」。

如果這項說明的技能，可以成為你和面對的人之間的「理解橋樑」，那身為作者恐怕沒有比這更榮幸的事了。

那麼，就讓我們馬上來學學吧！

前言

第1課 為什麼你的說明別人聽不懂？

Contents

第3課　有效說明的黃金公式「K」

Contents

Contents

第7課 有效說明的黃金公式「E」

第8課 有效說明的黃金公式「T」

Contents

Contents

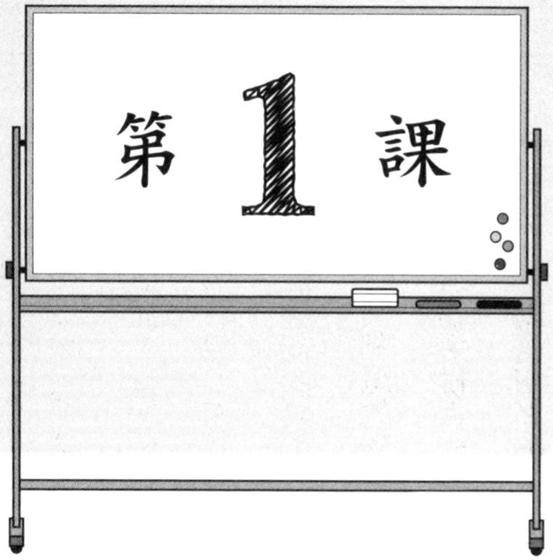

為什麼你的說明別人聽不懂？

一個人的學習能力和說明能力完全是兩碼子事

國高中的時候，我常常電視看到一半心想：「為什麼學者講的話都這麼難懂啊？這個人不是應該腦袋很好嗎……。」

然而，當我實際站在補習班執教鞭的立場——說來慚愧——也受到不少次學生投來的厭煩眼神，或是眼睜睜看他們聽到睡著。

最糟糕的結果，就是學生不來上課了。這種情況在日本補習界會稱作「棄課」。補習班和衝刺班的講師如果被學生棄課那就萬事休矣了。

因為這樣人家會認為：

「聽這個老師上課也只是浪費時間。」

我深深體會到，**就算自己的知識量和理解程度達到一定水準，說明也不見得有辦法讓別人充分理解。**

說明要能讓對方充分理解，和自己的學習能力是完完全全的兩回事。這些經驗讓我學到了這件事。

我從某個補習班的資深講師身上聽過一些事情。

據他所說：「自己的知識和理解程度不夠成熟時，才更能體會學生的心情。」他還告訴我，隨著年齡增長，自己的知識和理解程度加深，「但反而

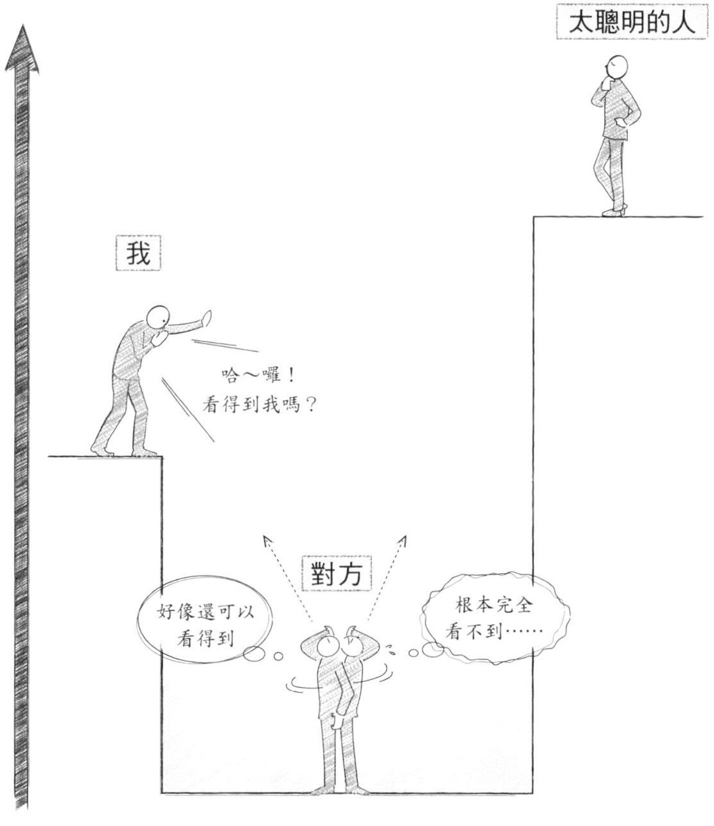
太聰明的人
我
哈～囉！
看得到我嗎？
知識多寡、理解程度
對方
好像還可以看得到
根本完全看不到……

越來越不知道學生到底哪裡不明白了。」

我的學力程度雖然還不及那位老師，但即將邁入40歲的我，也隱隱約約體會到這件事情了。

簡單來說，**自己的知識和理解程度越高，就離對方的水平越遠，因而產生更大的一段落差**（前頁圖）。

不過提升自己的知識和理解程度絕非壞事，甚至可以說是最該優先做的事情。重要的是，要怎麼去填補那份生成的落差。

填補方法，就是本書所言及的說明技巧。

說明要讓人聽明白「只需要做到1件事」

當這種自己和對方之間存在知識和理解程度的落差時，欲透過說明來消除落差的必

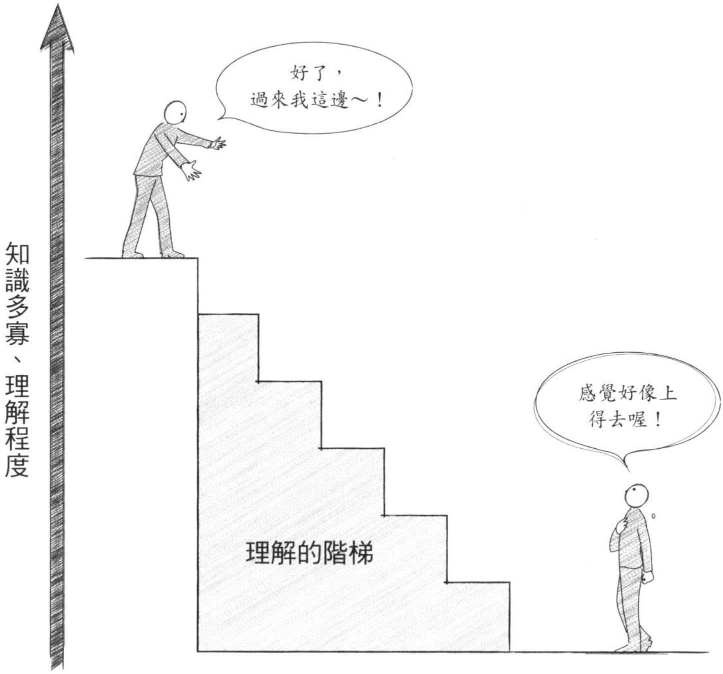
好了，
過來我這邊～！
感覺好像上
得去喔！
知識多寡、理解程度
理解的階梯

要條件是什麼呢？

其實，就只有1件事。

我稱之為「理解的階梯」。**說明的人一定要建立「理解的階梯」才行。**

不知道各位有沒有聽過日本有句俗諺說：「風颳，則桶販得利。」（類似「蝴蝶效應」）？

這是一種探究2件事情因果關係時常用的比喻。

不過，聽都沒聽過這句諺語的人一定會想：「為什麼颳風會讓賣桶子的得利呢？」

也就是說，根本就看不出「颳風」和「桶販得利」之間存在什麼「關聯」。那用下面的方式來說明這件事情的話怎麼樣？

〔說明範例〕

「風颳，則桶販得利。」這句話想成以下的7個步驟，兩件事情的關係就浮現出來了。

Step1 颳風就會吹起泥沙

Step2 泥沙會跑到眼睛裡，造成視力不好的人增加

Step3 視力不好的人就會買三味線（當時視力不好的人會選擇彈奏三味線作為職業）

Step4 三味線需要貓皮，商人大量捕貓。

Step5 貓的數量減少，導致老鼠數量增加。

Step6 老鼠數量增加，造成家裡桶子被咬破。

Step7 桶子壞掉的話就需要買新的，桶子需求增加，桶販因而賺錢。

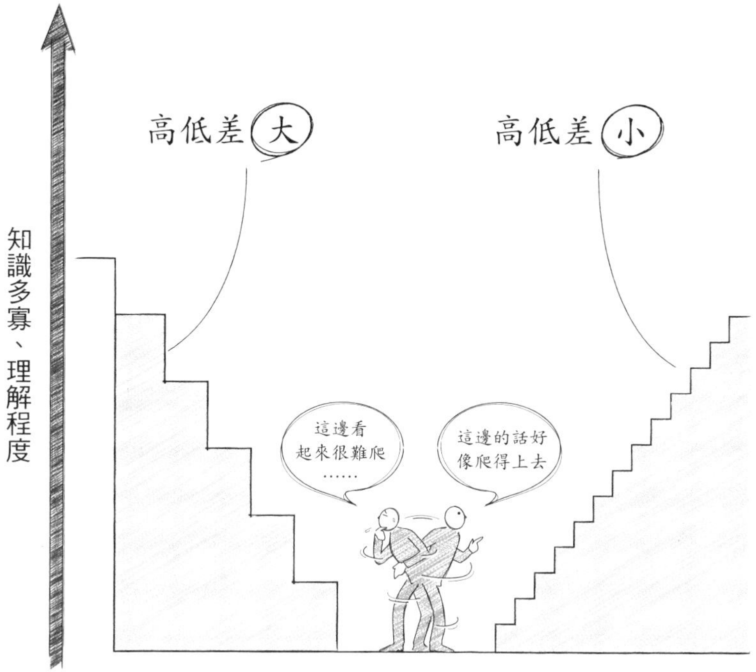
知識多寡、理解程度
高低差大
高低差小
這邊看起來很難爬……
這邊的話好像爬得上去

像這樣把「颳風」和「桶販得利」之間細分成好幾個步驟，就能看出2件事情的「關聯」了。

而像這種創造「關聯」的技巧，就是建立「理解的階梯」的其中一項說明技能。

另外，創造「關聯」的技巧，會在第6課的「原因與結果」一節詳細說明（但「風颳，則桶販得利。」這句諺語本來的意思好像類似牽強附會）。

而在打造「理解的階梯」時，必須要注意的就是每一階的高低差。

就像前一頁的圖所看到的，你和對方之間的知識和理解程度存在越大的落差，就越是需要盡量縮小每一階之間的高低差。

也因此，要做出很多層階梯。

反過來說，如果高低差越大、階梯數越少，對方就越難以理解。

你的說明讓人聽不懂的「3個原因」

在我們進入建造「理解的階梯」的具體方法前，我要先講為什麼「理解的階梯」無法馬上做出來。

有時候就算我們再怎麼拚命說明，對方也是有聽沒有懂。

至於原因，我調查各項文獻、訪問補習班的同事以及認識

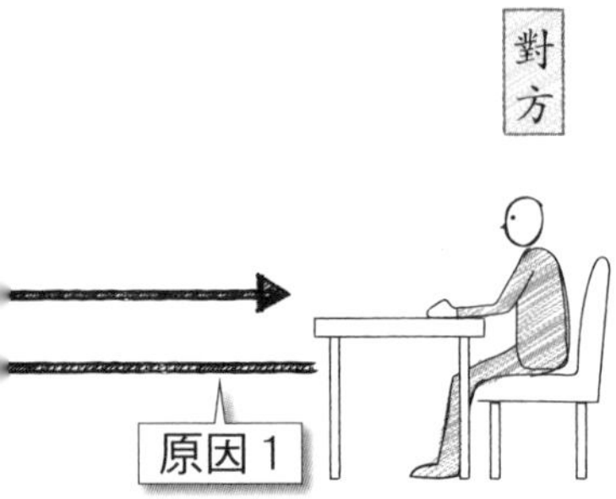

的學校老師，結果找出了下面3種原因。

原因1　對方沒有做好要聽的準備

原因2　本來自己就沒有充分了解內容

原因3　自己沒有掌握好對方的知識狀況

大概就是下面這張圖的感覺。

我們一個一個來仔細看看這些原因吧。

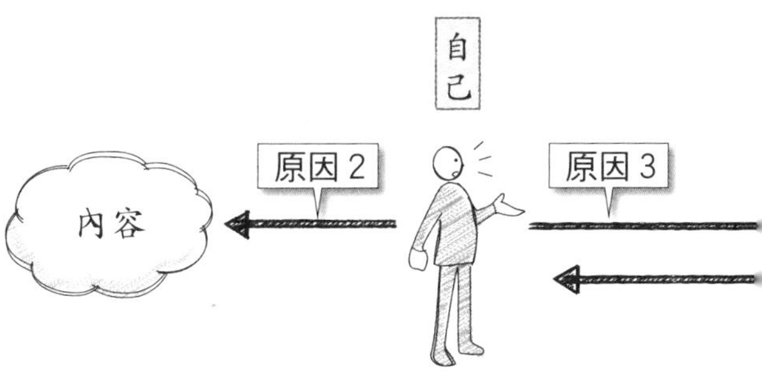

第1課　說明也得要先讓人願意聽才能開始

首先從原因1開始說起吧。

要跟別人說明，讓對方好好理解說話內容，必須先從讓對方認真聽你說話開始下手，否則一切免談。

或許有人會覺得「說什麼廢話啊！」但實際上這可不是一件容易的事。

不管「理解的階梯」打造得多精雕細琢，對方如果連理都不理你那就一點意義都沒有了。所以，我們必須先從讓對方理會自己、讓對方做好聽話的準備開始做起（左頁圖）。

我站在補習班講台上教課將近20年，老實說我最費心的地方就是「怎麼讓學生聽我說話」。

當我說出這種話，就會有人對我說：「可是他們上補習班就是為了學習的，大家不都是抱著聽你說話的心態嗎？」

然而實際上火線時才不會有這麼理想的狀況。

為了大考讀書本身就是件消極的事情，而我教的「化學」科在性質上雖然不討喜，卻是志願學校入學考時必考的科目，所以迫於無奈只好學習的學生並不少。

知識多寡、理解程度
哈～囉！
哼

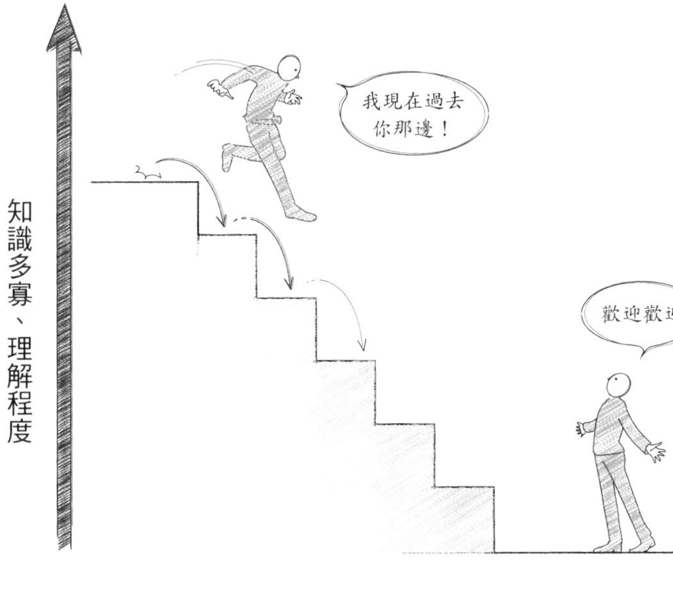
知識多寡、理解程度
我現在過去你那邊！
歡迎歡迎

學化學不只是灌輸大量的知識，也必須要理解難以具體想像的高級定律，我想這會成為學生的罩門也是一件很正常的事。

我也是辛苦過的人，學化學到底有多折騰我再清楚不過。所以，第一件事情就是讓學生對於課程產生積極的聽課態度——換句話說，讓對方願意聽自己說明，就是說明過程的第一道牆。

順帶一提，補習班講師的工作基本上是一年一聘，如果工作成效不彰，隔年很可能就不會再續聘。說白了，就是炒魷魚。所以對方如果沒有做好聽話準備，你的說明就沒有達到說明的效果。這個風險，可是補習班老師多麼痛的領悟。

自己不夠了解也是原因之一……

我們前面提過對方聽不懂說明的原因有以下3種：

原因1 對方沒有做好要聽的準備

原因2 本來自己就沒有充分了解內容

原因3 自己沒有掌握好對方的知識狀況

接下來聊聊第2項原因。

就是說明的人自己都沒充分了解內容。如果自己都不清楚了，那到底還要談什麼？「什麼？說明的人還會不懂自己要說明的事情嗎？」也許有人會產生這種疑問，但實際上這種情況還不少。

有時說明的人說到一半，腦中會突然閃過「奇怪？這東西本來是什麼來著？」的想法，甚至有人連這種疑問都不會浮現，僅憑自己的一知半解就對對方進行說明了。在我還是初出茅廬的講師時，常常因為自己理解不夠而給學生帶來困擾。

雖然這是很理所當然的事情，不過說明的人自己都沒搞懂的事情，根本就不可能讓

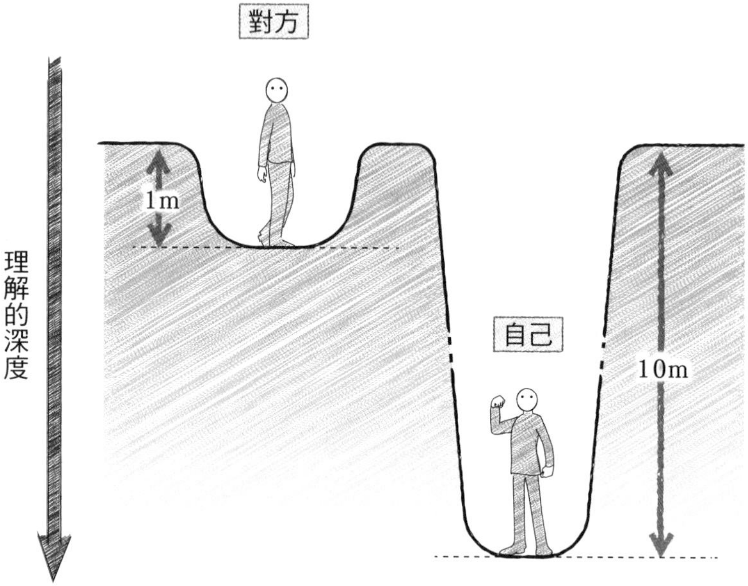

對方理解。

換句話說，**唯有自己理解程度夠深，才有辦法讓對方確實聽懂說明。**

包含補習班在內，教育的世界之中，有種說法是為了教導「1」，必須要了解到「10」之前的所有數字。實在是太中肯了。

理解程度夠深——如果依這個說法來看，我的想法是這樣：「為了讓對方理解到1m為止的深度，自己必須先挖到深度10m的地方。」（上圖）

想讓對方理解多深的內容，自己就

必須了解到更深更深的地步，否則你的說明就無法讓對方明白。你自己都不太能掌握、沒有充分理解的事情，就算再怎麼拚命說明，也沒辦法觸動對方。所以，說明的人必須先在腦中進行模擬。

而且在說明前，必須先想想自己會不會因為這份說明而心服口服再實行。可以的話我建議大家實際把話說出來，親耳聽聽看自己的說明。其實實際出聲，聽起來感覺意外地很不一樣。這個方法比想像中來的簡單，而且效果十足。

到底怎麼樣才叫做「了解」？

我們前面提過，無法建立「理解的階梯」有以下3種原因：

原因1　對方沒有做好要聽的準備

原因2 本來自己就沒有充分了解內容

原因3 自己沒有掌握好對方的知識狀況

最後，我們要來談談原因3——「自己沒有掌握好對方的知識狀況」。

在說明原因3之前，我們要先來講到底怎麼樣才叫做「了解」。

搞懂這件事情之後，我們對原因3的理解也會加深。

簡單來說，**「了解」就是「自己的既有知識（資訊）和新的知識（資訊）產生連結」**。

舉個例子，假設你擁有一項資訊A。

然後有一項新的資訊B進來，這時腦中的「A、B」如果各自以不同的狀態記

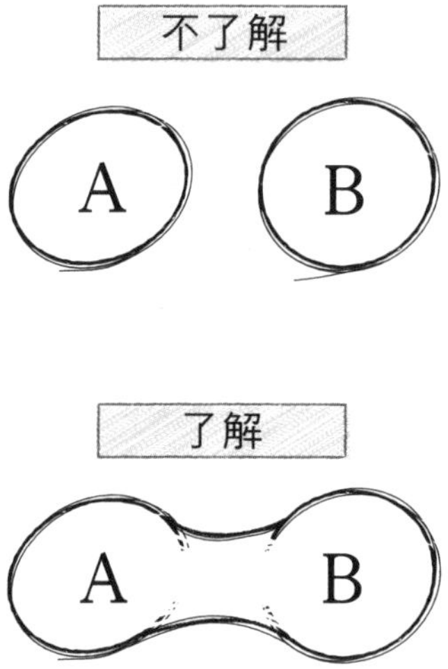

憶的話，就不能說了解了Ｂ。

以「Ａ－Ｂ」這種有所連結的狀態保存在腦中，才算得上「了解」（右頁圖）。

用另一種方式說，**「了解（理解）」這項行為，是一項「把已經擁有的東西連接到新的東西上面」的過程。**

如果用聽起來比較威風的說法，**「了解」就是「知識與知識的網路化」。**

沒有知識就無法理解

這一節我們要講一件需要再三注意的大前提。

就是**想讓對方聽明白自己的說明，一定要將你加入說明的新知識（資訊）連接上對方已經擁有的知識（資訊）。**

換個說法，如果對方完全不具備任何知識，那要讓他了解說明內容根本是緣木求魚。

當然，只要過著普通的生活，人就不可能完全零知識。

所以我們一定有辦法經由說明讓對方理解事情。

重要的是，**「對方具備哪種程度的知識」、「對方是怎麼認知這件事的」，說明方必須事先掌握這些事情。**

關於這方面，我們會在第3課詳細說明，這邊先大概提一下，**就是事先打探好自己和對方的共同知識（資訊），也就是兩邊都知道、兩邊都明白的部分**（上圖）。

如果輕忽這項準備，你的說明就非常有可能讓對方聽得一頭霧水。

如果不知道對方所具備的知識範疇，就沒辦法讓對方聽明白自己的說明。

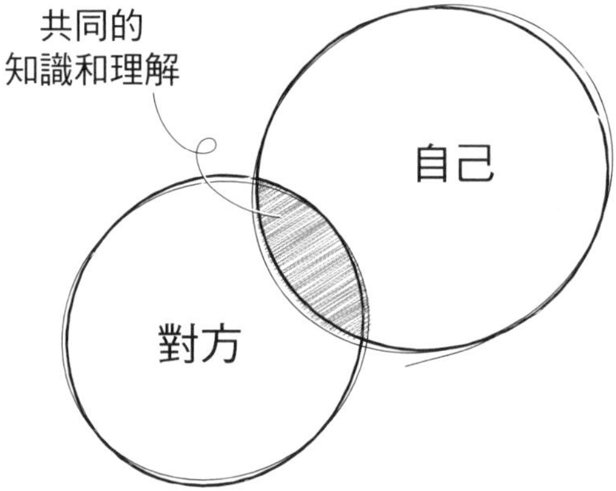

為什麼無法掌握對方的知識範疇呢？

有些時候，說明方會完全弄不清楚對方具備多少知識以及理解多少程度。

我認為這種情況常常發生在天天面對高專業度的內容、不習慣說明的學者和專家，以及從事工程師這種技術行業的人身上。

到底原因何在呢？

假設對方具備「A」這項知識，而你正嘗試說明難度較高的「B」讓他明白。

剛才我們也說過，說明「B」的時候，如果使用對方聽不懂的詞彙，就無法達到「A－B」的效果。

由於聽者無法將自己的知識和新知識產生連結，對方會陷入一種「鴨子聽雷」的狀態。

這麼一來就無法建立新的知識體系，行動上也不會產生變化。

也就是說，沒有學習的效果。

會造成這種狀況，肇因於說明的人儘管理解程度很深，卻沒有從自己挖的「理解地洞」爬上來進行說明（下圖）。

說明方如果不爬出「理解地洞」，就沒辦法讓對方理解。

想做出淺顯易懂的說明，說話者必須先爬出「理解地洞」才行（左頁圖）。

實際上，**學者和工程師這些博學多聞的人，很多都不清楚自己挖掘「理解地洞」的過來路，結果變得沒辦法順利靠自己的力量爬出「理解地洞」**。

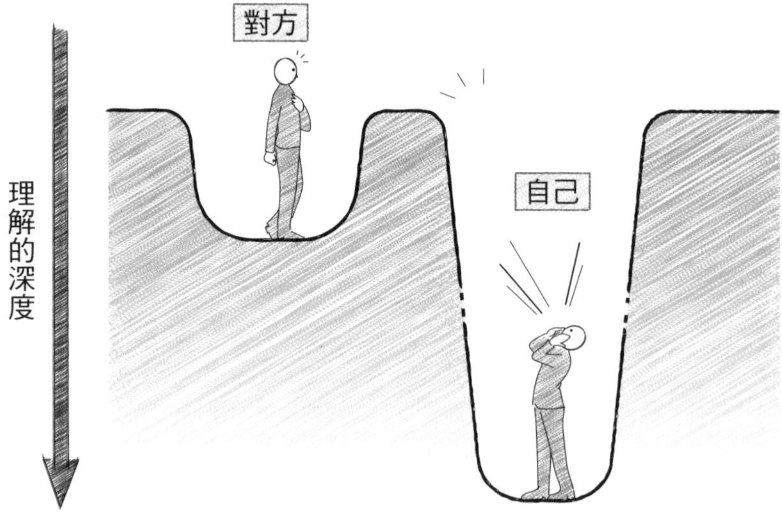

比方說，我們要將諾貝爾經濟學獎得主丹尼爾．康納曼（Daniel Kahneman）等人提出之行為經濟學中的主要理論──「展望理論」加入說明，這個時候，教育學者很容易會這樣說明：「若以動機來操作展望理論的話……」

可是，一般來說幾乎沒人知道「展望理論」的內容到底是什麼，甚至「動機」也不是一個沒事會用到的詞彙。

這不光是學者，行話很多的商務人士身上也經常發生這種情形。

自己已經掌握的高專業知識如果直

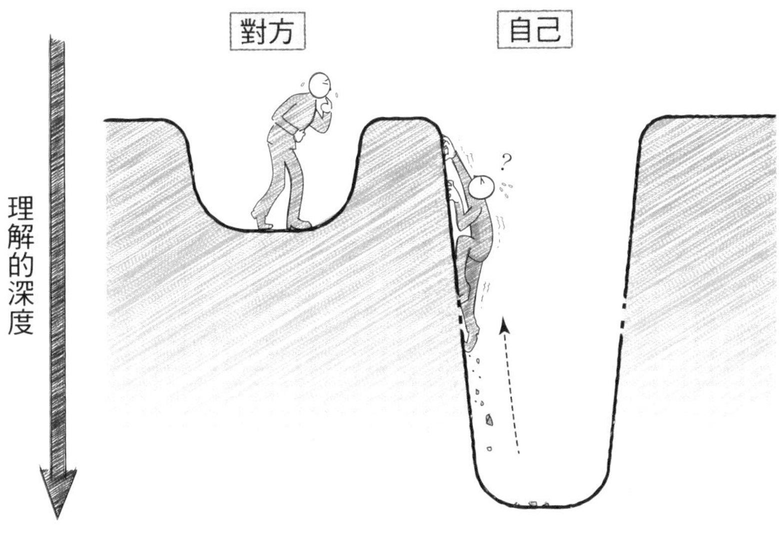

接丟進說明，非常有可能會造成聽者完全聽不懂的窘況。就算專業度再高、再稀有的資訊，還請各位千萬不要忘記，說明的價值只有在讓對方明白的情況下才會出現。

「讓對方留下來聽你說明」的必要條件是什麼？

10年前左右，有個男同學跟我說：

「N老師的英文課，是我目前上過的課裡面最好懂的！」

當然聽到的當下我產生了一瞬間的嫉妒，只不過我感興趣的部分馬上就轉移到了別的地方。就是N老師的課到底跟這孩子過去上的課有什麼不一樣？

我按捺不住自己的好奇心，下定決心問那名男同學：「為什麼N老師的課這麼好懂？可不可以告訴我呢？」

我一問，那個同學雖然沉默了一拍，但還是告訴我：「我也說不清楚，但總之N老師的課給人的感覺很衝擊，只要聽過1次就會留下深刻的印象。」

「哦，原來是這點！」

我在心中吶喊。

補習班老師必須盡可能讓學生的學力有效率地提升。

大考的準備期間有限，每個學生要念的也不是只有1科，少說也有3科，多的甚至要念到7科（如果加上小論文和面試技巧，數字還要往上加）。

所以，**補習班的課程勢必得提升學習效率（提高一堂課時間的學習效果）**。換句話說，能否用1堂課就讓學生盡可能確實理解內容，靠的是講師的功力。

而且，**以簡單明瞭說明還有一項特徵，就是聽說明的學生腦中會留下非常深刻的印象。**

之前也說過了，「了解」就是「知識與知識的網路化」。因此我們要將新的知識（資訊）連接上對方具備的知識，然後再從連接上的知識（資訊），進一步連接到更新的知識（資訊）上。

無論如何，**如果對方聽不懂你的說明，一定是有什麼原因。**

而那些原因不外乎就是**「對方沒有做好要聽的準備」、「本來自己就沒有充分了解內容」、「自己沒有掌握好對方的知識狀況」**。

導致我們沒辦法成功打造出「理解的階梯」。

「了解」就是這樣反覆操作的行為。**為了做出讓對方印象深刻、淺顯易懂的說明，我們必須將新的資訊，以容易連接到對方腦中資訊的狀態下讓對方記住。**

那麼，下一課開始終於要搭配實際的說明措辭來介紹我所開發的方法，透過「說明的黃金公式」打造「理解的階梯」！

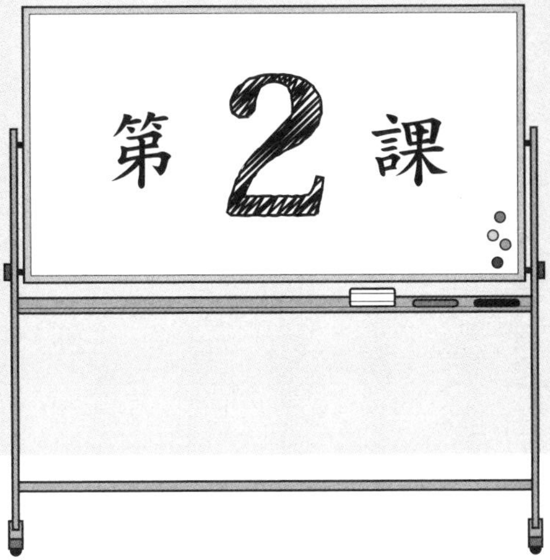

有效說明的黃金公式「I」

能充分讓人聽懂的說明，存在一種「公式」

「你知道，波音747在天上飛的機制到現在都還沒得到證明嗎？」

剎那間，我整個人僵在那邊。

「這個人突然講這些幹嘛？等等，他說的是真的嗎!?」

我還在補習班工作時，有次擔任物理講師的朋友過來跟我說這些話。

我立刻就回問：「你說的那是怎麼一回事!?」整個人被他的話題吸引住。

聽說物理學在某些部分上還無法證明波音747等飛機之所以能飛的原理。而他想好像是想跟我說——即使還沒證明，飛機還是天天飛來飛去的，真好玩。

雖然似乎有「飛的原理應該是這樣吧」的假設，但套用當時的物理學會產生些許矛盾，所以證明並不完整。

「其實有一種力叫升力……而從航空力學的角度來說的話……」他繼續說下去。我這個對物理學興致缺缺的人，竟然聽他的話聽得入神了。他的說明內容本身就很有趣，但更重要的是他說明的方法實在有夠優秀。

首先從引起興趣的措辭切入，緊接著拉出前提，再公開欠缺的證據到底是什麼——我察覺到，他那知性且簡單明瞭的說明上，具備某種「公式」。

那天上課的時候，我迫不及待使用了他說明時可能使用的「公式」。我教的是化學，所以沒辦法直接把飛機的話題拿來用，但開口的第一句話，我套用了下面的說法。

「很多人都知道〇〇，但你們知道其實××嗎？」

課程開頭，學生就積極把耳朵借給我。即使是內容偏難的化學話題，學生也聽得津津有味。就這樣，在每天的課堂上不斷嘗試與經歷失敗，我終於找出讓說明既具備知性又深入淺出，足以稱作必殺技的一種「形式」。

「前言」也有稍微提到，像這種在平時的課堂上實踐、反覆嘗試以鎖定有效方法並進行分析的學問，稱作「學習科學」。

我在駿台補習班工作了10年，不瞞你說，那段時間的課程記錄我全都記在記事本上了。現在我重新分析一遍，去蕪存菁後，建立了一種說明用的「公式」。這個「公式」就是接下來要來談的ＩＫＰＯＬＥＴ（伊克波雷）法。

有效說明的黃金公式「ＩＫＰＯＬＥＴ」法是什麼？

我現在於東京大學的研究所進行研究，主題為學習環境之設計。

我在研究所裡的研究基礎是學習科學，我想這是因為自己的骨子裡還是有一個信念，就是「於教育現場實踐，著重實際有效的方法。」

從倫理面的觀點和測量方法的困難來看，現況上其實不太有辦法在教育現場測量實驗性學習的成效。所以在教育研究上，「實際嘗試過後發現效果不錯」這種例子的累積十分重要。然後再透過教育心理學和教師教育學等「邏輯」來穿針引線，就能讓概念變成更加具體的理論。

而融合了實務和理論兩方面所催生出的說明「形式」，就是這項IKPOLET（伊克波雷）法。IKPOLET法，具體來說是將說明設計成下列7個步驟的一種模板。「IKPOLET」是取這7步驟的開頭字母組合而成的名稱。

Step1 引起興趣（Interest）

Step2 設身處地配合聽者的知識和認識（Knowledge）

Step3 表明目的（Purpose）

Step4 展示大綱（Outline）

Step5 產生連結（Link）

Step6　具體化、拿出範例、證據（Embodiment, Example, Evidence）

Step7　轉移（Transfer）

各項步驟會於第2課～第8課一一進行說明。然而有件事情要先提醒一下，你未來要進行說明時不需要太按部就班，只要不過度調動各步驟的順序，一兩個小地方的順序不同也不必太在意。視情況也可以跳過某些步驟，或變更順序會更有助於說明。

重要的是，**讓對方確實明白的說明，是存在一種「公式」（Format）的**。

本課要先看Step1的Interest（引起興趣），但如果要從其他你比較有興趣的步驟看起也沒關係。

還有，在本書最後面也準備了一張只要填入表格就能做出IKPOLET說明法原稿的範本，請各位務必善用（也提供網路下載的電子檔）。

事不宜遲，我們就從Step1的Interest（引起興趣）開始吧。

Step 1 引起興趣（Interest）

「只要知道這點，就可以做到這種事情！」

「如果不知道這點，可能就會發生這樣的悲劇。」

也許上面這些說辭都是陳腔濫調，可是只要將這類型的話加入說明的開頭，對方的心態還是會產生改變。我在補習班的課堂上，也很常使用下面的必殺話術。

「這個考試一定會考……」

「如果這個地方不會，成績就會被其他考生拉開喔。」

「這算哪門子的必殺話術啊。」

我猜有人會這麼想吧。

這些話在有些人耳裡可能不是那麼強力，或是有人會覺得「在我的工作上又不管用……」。

不過只要理解這背後的原理，就能轉化成一項有效吸引所有人注意力的技巧。

其實，這種必殺話術本質上的功能在於**刺激任何人都擁有的「欲望」和「恐懼」**。

「欲望」就是讓對方看到利益，「恐懼」則是傳達損失和風險。說明方好歹要把一件事情放在心上：「我現在要說明的事情，對方可能不是那麼積極想聽。」因此，**首先要從讓聽者的心態180度轉變開始，讓他們的注意力放到自己身上。**

我們用剛才舉的例子來說明。

「這個考試一定會考。」

這種說法的目的是刺激考生心中「只要知道這個就能馬上獲得分數！」的「欲

望」。撇除冠冕堂皇的理由，考生說什麼也想要分數。為了考上自己理想的大學，不管怎麼樣都要養成讓自己得分的能力，這才是真心話。

當然我想學術本身的趣味性多少也有點影響，但前面我們也提過，並不是每一個考生都對所有科目抱持積極的態度，一定有人抱著不得不念討厭科目的消極心態。因此，**為了讓學生聽我的說明，發揮誘餌作用的說辭至關重要。**

刺激聽者的「欲望」，是說明的第一步。如果聽者對於考大學連一丁點的「欲望」都感覺不到，比方說「比起考好成績，手機遊戲還比較有趣」、「比起考上大學，談戀愛更讓人心情雀躍」這種情況，我就會這麼說——

如果考進理工學院、學習程式的話，你就有辦法親手製作你現在沉迷的遊戲囉。甚至玩的時候如果會覺得「如果是我的話哪邊會怎樣怎樣」，**未來也可以自己做出理想中的遊戲。不僅整天打最喜歡的電動都沒人會講話，**還會被玩家感謝，更棒的是還能賺大錢。那樣的人生不覺得很愉快嗎？

或是這麼說——

「如果想要認識好男人，進入好大學的話機率會比較高喔。因為在好大學裡面的人都是挺過大考這份苦難才進去的人，所以他們很有可能都是不會因為一點小事就放棄、肯努力的人。而且照理說，光是一群素質較高的人聚集在一起，就會對那個人將來的工作帶來好的影響。我覺得那種前途無量的好男人，可不會只挑年輕的女生交往。有一定程度教養的人，應該會喜歡和自己相同水準、有辦法溝通的女性。就算是為了認識那種男人也好，不要只靠化妝品來美化外表，也靠念書來培養內在怎麼樣？真正的好男人，一定會好好看到妳的內在的。比起現在馬上美化外在對好男人出擊，培養內在，讓自己進入好大學再找也不遲不是嗎？」

這種說法可能有點極端，但我想告訴大家的事情是，只要將聽者擁有的欲望變成更龐大的欲望就好了。依我的經驗，就算把對方的欲望替換成完全不同的欲望，短時間還有用，可是長期看下來，大多都沒辦法堅持到底。反而在聽者本身就有的欲望之上給予更大的欲望效果好很多。所以請養成一個習慣——在開始說明前，要先徹底想清楚對方的「欲望」到底是什麼。

「風險」是促使對方行動的特效藥

接下來，我們要講解下面這一句話——

「如果這個地方不會，成績就會被其他考生拉開喔。」

這句話講白一點，就是為了刺激學生「可能會輸給其他考生」的「恐懼」。

這種技巧稱作**恐懼訴求**，大家應該常在電視廣告和電車吊環廣告上見到吧。

好比說「不做某某事，腦中風的風險將增加○％！」——也有一些電視節目和雜誌會使用這種聳動的話來提升收視率或銷售量。事實真偽姑且不談，**人一旦聽到自己身上有什麼風險會提高，是會專心傾聽的**。對於這種情況，想必也是有人覺得「搞什麼啊，還以為是什麼東西咧。」或是「這種人還真膚淺啊。」然而**講實在的，人類這種生物還是仰賴「利益」跟「損失」來行動的**。

特別是大學考試這種必須在短時間內拿出成果的狀況下，這種情況更為明顯。如果拿不出成績，就是說名落孫山的話，將來可能會面臨找不到正職工作、只能到處打工的情況，這種恐懼時常伴隨在日本的考生左右。

前面提過由丹尼爾·康納曼所提出的展望理論中也指出，**人類擁有盡可能迴避損失的心理傾向**。

當然，說話時應當避免不真實和過於浮誇的表現。

只不過，當對方確實要承擔某種風險時，說明方不能害怕，要確切將風險告知對方。這不是為了自己的利益，而是我們應該為對方著想，好好告訴對方「如果沒有聽說明會蒙受損失。」

站在學生的立場，如果不好好聽說明的話就沒辦法理解學習內容，導致學業成績低落，這是事實。**就算會讓對方感到不悅，我們也應該要在說明的一開始就確實告訴對方可能承擔的風險。**

刺激好奇心的出奇不意提案法是什麼？

不過，這存在一個實際的問題，假如每次說明都這樣危言聳聽，可能會對彼此之間的信賴關係造成不好的影響。

這種時候，我會**祭出令人備感意外的東西**。

就是讓聽者產生「咦！」的感覺。舉個例子，我上課時會使用P51所介紹的說辭。

假如課程主題是「電池」，那我會在開頭時用下面的方式說——

「知道嗎？你們每天所使用的智慧型手機電池……其實它的歷史源自於青蛙喔。」

像這樣開頭的話，學生就會浮現「真的假的？」的表情。

接下來我會這樣說——

「很久很久以前，義大利有一個叫賈法尼（Luigi Galvani）的醫生。他進行解剖青蛙的實驗時，剛好讓兩種不同的金屬碰到青蛙的雙腿。那一瞬間，本來已經死掉的青蛙，腿竟然抽動了起來！當時恰好在場的科學家伏打（Alessandro Volta）看到青蛙腿痙攣的現象，以其為基礎做出了電池。這種電池稱作伏打電池，而伏打的名字也成了日後電壓單位伏特（V）的由來。」

像這樣說明的話，學生的興致就會越來越高。

「講是這樣講啦，但好奇心哪有這麼容易刺激。」——可能會有人這麼覺得。的確，還不習慣的話會覺得刻意刺激別人的好奇心並非易事。可是，方法的確是有的，任誰都能馬上刺激到別人好奇心的方法……。

抓住對方注意力的2個方法

這種方法就是「反正先這麼說就對了，先讓對方對自己有興趣。」這是曾經也不擅說明的我如今屢試不爽的方法。

人會對「矛盾」備感驚訝

具體來說就是以下2件事——

①話中塞入「矛盾」

②醞釀「秘密」氛圍

所謂「話中塞入『矛盾』」，比方說像「世界上哪種獅子最弱？」就是將「弱」跟「獅子」這**兩種給人印象相反的詞彙同時放到同一句話裡**。

「醞釀『秘密』氛圍」則是你說明的內容**讓人覺得這些話好像沒有公開講過**。

只要做到這2件事情的任一件，十之八九能抓住對方的注意力。

不過光是這樣講我想還是不夠清楚，所以接下來我會加入具體的範例來一一詳細解釋。就先從①話中塞入「矛盾」開始說起吧。

「是說啊……啊，沒事。」——有沒有朋友對你講過這種話？這種時候不是會覺得心裡憋憋的，很在意他到底原本要說什麼對吧？讓人想在心中吶喊「搞什麼啊，好好把話說完啦！」之類的。

「話中塞入『矛盾』」就是利用對方這種浮躁感的技巧。

人類這種生物，在碰到矛盾的事情時會感到在意，而且會想辦法解決那份浮躁的不快（這種情況稱作認知失調）。

利用這個現象，就能多少把「？」送進對方腦中，藉此勾起對方的興趣。

比方說像下面這幾句話——

「你知道有種毒對身體有益嗎？」

「你知道有種冰可以燃燒嗎？」

「有一種寶特瓶就算亂丟也沒關係喔。」

換句話說，就是蓄意讓聽者產生「怎麼哪裡怪怪的啊」的不協調感。

這是利用「毒對身體有害」、「冰不能燃燒」、「寶特瓶不能隨便亂丟」這種對方已經具備的認知，刻意反向衝擊認知的技巧。

就像這樣，**要在一句話裡刻意加入意思相對的字詞或說法。**

而這個詞，**越偏激且跟對方的印象差距越大越有效果。**

順帶一提，「對健康有益的毒」指的是毒物和毒藥的差別。「可以燃燒的冰」指的是甲烷水合物，而「可以隨便亂丟的寶特瓶」則是用來說明生物可分解塑膠的話術。我們就要像這樣在說明中加入乍看之下矛盾的一組詞，再不然就是一句話。

不過，這裡有一個要注意的地方。**提出矛盾讓對方感到浮躁時，一定要接著進行說明來消除那份浮躁感**（消除方法留到第6課集中說明）。要說為什麼，如果對方心裡一直毛毛躁躁的，腦中浮現的「？」就永遠不會消失，反而會變成心中揮之不去的疙瘩，妨礙到你後來的說明。所以千萬要記得，矛盾的事情一定要搭配消除矛盾的說明服用喔。

另外，有件事情我不太確定是不是化學這一科的特色，但也許有辦法成為提升說明能力的靈感，以防萬一我還是說一下好了。

就是說，**人是一種對於會變化的東西感興趣的生物。**而我們要在說明中刻意展現出這種變化來吸引聽者。

我也在課堂上示範過幾次化學實驗，當可見的劇烈變化發生的瞬間，學生的眼神會改變，眼睛會大大張開，眼神閃閃發亮。

舉個例子，我做過一項實驗。

我將米裡面含有的澱粉溶進水，然後把這份溶液（透明）倒進錐形瓶，接著滴入含碘漱口藥水（棕色），那一瞬間溶液變成了藍紫色。

然後再將火柴點燃後放到水面上方，讓火柴產生的煙充斥在液面上方的錐形瓶空間。

當煙充滿瓶內後用手蓋住瓶口，大大搖盪2、3次錐形瓶。結果液體瞬間變回透明無色的狀態（下圖）。

像這種**示範對方幾乎始料未及的變化或說出意想不到的話，就能帶出意外性，刺激對方的好奇心。**

對了，或許有些人看完實驗結果會覺得心裡不太舒暢，所以在此簡單解釋一下這項實驗的原理。

沒興趣的讀者可以直接跳過這一段，不影響後面的閱讀。首先，在溶進澱粉的水中滴入含碘漱口藥水以改變顏色的原理，和小學自然實驗中馬鈴薯與碘液的反應實驗完全一樣。

馬鈴薯中含有的澱粉碰到碘會變成藍紫色，而含碘漱口藥水裡頭就有碘，所以澱粉溶液才會變色。

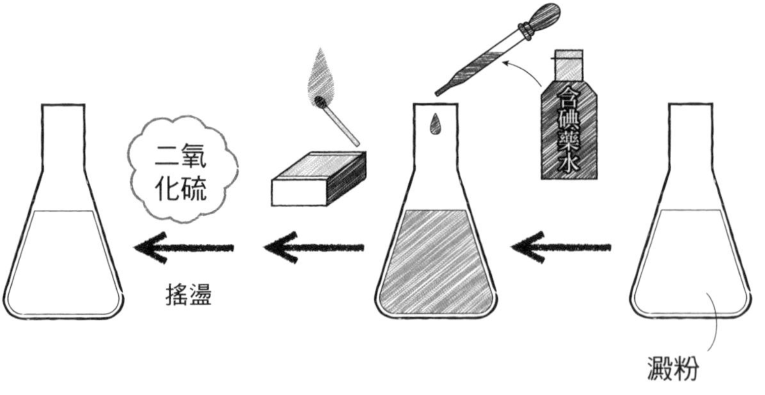

再來，火柴燃燒後會產生二氧化硫氣體，和澱粉結合的碘會跟二氧化硫產生反應，而碘消失後顏色就會不見。這就是實驗的原理。

人最喜歡聽「秘密」

緊接著我們來談談第2個抓住對方注意力的方法——「醞釀『秘密』氛圍」。

「一直以來我都盡量不談這件事情……」

聽到這句話，不是很教人好奇後面到底要接什麼嗎？

這是由於帶出了該內容（資訊）的稀少性，導致期待感高漲的緣故。利用「秘密」這項稀少性的魅力，肯定能讓對方專心聽你說話。

美國社會心理學家羅伯特・Ｂ・席爾迪尼（Robert B. Cialdini）的名著《影響力：說服的六大武器，讓人在不知不覺中受擺佈》（社會行動研究會譯 誠信書房）中也提到：「越難得手，機會更顯得貴重。」

也就是說，表現出「秘密」的感覺，就是在展現這些話具有不容易聽到的吸引力。而任誰都有「想要戳破秘密」的心態。

人類是渴望知道秘密的生物。光是告訴別人一件事情的稀少性，就可以讓他們產生興奮的感覺。

就「引起興趣」的目的來說，**讓對方感受到自己（說話者）懷抱著秘密的程度恰到好處。**

所以，就算這樣講聽起來可能太過直接，但我認為將下面這種句子擺在開始說明之前的話效果會很棒。

「這件事我從來沒跟人家提過……」

使用這種說辭，就會讓對方心想：「唉唷？該不會我可以聽到什麼秘密吧？」——就算對方沒說出口，也會明明白白寫在臉上。

接下來讓我們進入「有效說明的黃金公式」Step2的「K」吧。

速效金句

- 「只要知道●●，就能做到……！」
- 「如果不知道●●，……的發生風險就會提高。」
- 「你知道嗎？我們常見的●●其實××喔。」
- 「一直以來我都盡量不談這件事情……」
- 「這件事我還沒跟人家說過……」
- 「你是第一個聽我講這些話的人。」

★COLUMN★COLUMN★COLUMN★COLUMN★COLUMN★

專欄

①

聽聽看收音機的賽事轉播

～利用身邊的習慣讓「說明能力」UP！～

你聽過收音機嗎？我非常喜歡「職棒轉播」，常常放來聽。比方說電視上主播喊：「內川這個球大大地打擊出去！出去了！是全、壘、打！」換成收音機實況就會變成：「內川擊球往中間方向畫出了大大的弧線，線還在持續延伸……會出去嗎？會出去嗎？出去啦！全壘打！是一顆直擊看板的特大號全壘打！」

像這樣，收音機的實況轉播因為聽眾（聽者）和主播不同，看不到影像，所以主播會選擇更能讓聽眾腦中浮現畫面的方式轉播。

簡單來說，說明方和聽者在視覺資訊方面並不對等，向聽者說明他們看不見的世界的東西，這部分就蘊藏著提升說明能力的秘訣。

因此，電視實況轉播的情況，聽者（觀眾）和說話者都看得見影像，說明技巧的效果怎麼樣都會被稀釋掉。

還不如像收音機這種看不見影像的狀態才是求之不得的好機會，可以訓練如何以簡單明瞭的說明在對方腦中描繪出畫面。

★COLUMN★COLUMN★COLUMN★COLUMN★COLUMN★

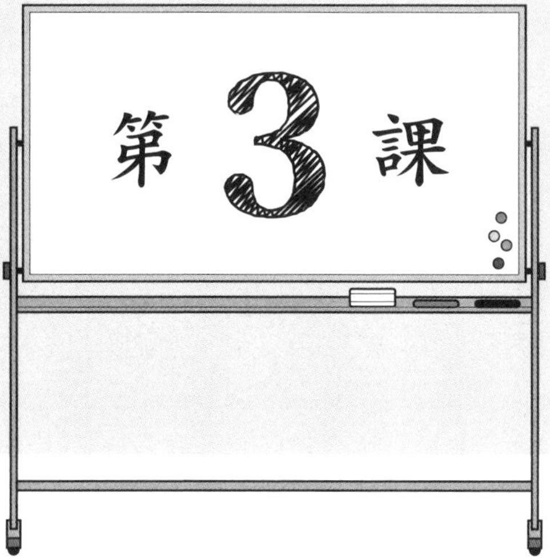

有效說明的黃金公式「K」

Step 2 設身處地配合聽者的知識和認識（Knowledge）

不光是學校的老師和大學教授，就連一流大學畢業、冰雪聰明的商務人士裡頭，也有人不知道怎麼搞得說明有夠難懂。

其中一個原因，是因為他們說出口的字眼都是該學問裡的專業術語，或是該業界、職業的人才知道的行話。他們會直接將對方不知道的詞彙直接用在說明上。

至於**思路清晰又會說明的人，其實在說明時是幾乎不使用專業術語和業界行話的**。

越是善於說明的人，說明時就越不需要使用專業術語跟業界行話。

真正聰明人的說明，不管內容程度如何都有辦法讓別人理解。

我試著分析擅長說明的男男女女，發現他們使用到下面3項技巧。

技巧1 將專業術語和業界行話置換成中小學生也聽得懂的字眼

技巧2 使用專業術語和業界行話時，一句話裡面只用上一個

技巧3 講完專業術語和業界行話要加以註解

他們就是利用這3項技巧來操作專業術語和業界用語。

換句話說，**想讓對方充分理解說明，找出對方有興趣的事物並激發好奇心（Interest）後，還必須配合對方具備的知識程度來進行說明。**

把握對方所具備的知識（Knowledge），並設身處地配合對方——這就是「有效說明的黃金公式」Step2。

如果沒經過這個步驟，說明本身就一點意義也沒有了。

第1課中有提到為什麼你的說明沒辦法讓對方聽懂，而這一課談的事情就跟其原因有關。

為了讓對方聽懂內容，說明必須先從打探「對方到底知道多少」的部分開始。

「為什麼我們還要這麼辛苦去了解對方到底知道多少？說真的，有夠麻煩耶……」

——我想有些讀者可能會這麼想。

所以，讓我們再更進一步談談這件事情。

為什麼要設身處地配合聽者的知識和認識呢？

第1課我們也提過，「了解」的意思就是對方本身具備的知識和你傳達的知識產生連結的行為。所以，**為了讓對方充分理解你的說明，有一項大前提是——對方的腦中一定得存在足以和你要給予的新資訊相互連接的知識。**

要問為什麼，**假如說對方腦中沒有任何能和你試圖讓對方了解的資訊相連接的知識，那他的腦中就沒辦法發生「知識的網路化」。**

也就是說，對方無法因為你的說明而進入「了解」的狀態。

為了避免這種情況，說明前必須先要掌握對方當下所具備的知識狀況，才能夠開始將新知識連接上去。具體來說我們會照著以下4個步驟來進行。

步驟0 徹底對對方進行心理側寫

步驟1 了解對方實際上的知識跟理解到底有多少程度

步驟2 衡量說明欲達門檻和對方知識多寡、理解程度之間的落差

步驟3 進行彌平落差的說明（第4～8課）

步驟3的部分會在後續的課程中慢慢講解，本課要談的是步驟0～2。依循這個步驟，就能掌握對方的知識多寡和理解程度，以及你所設立的那道說明欲達門檻跟對方之間的落差。

而且這件事情做好後，你在設計說明方式時就會變得非常輕鬆（次頁圖）。

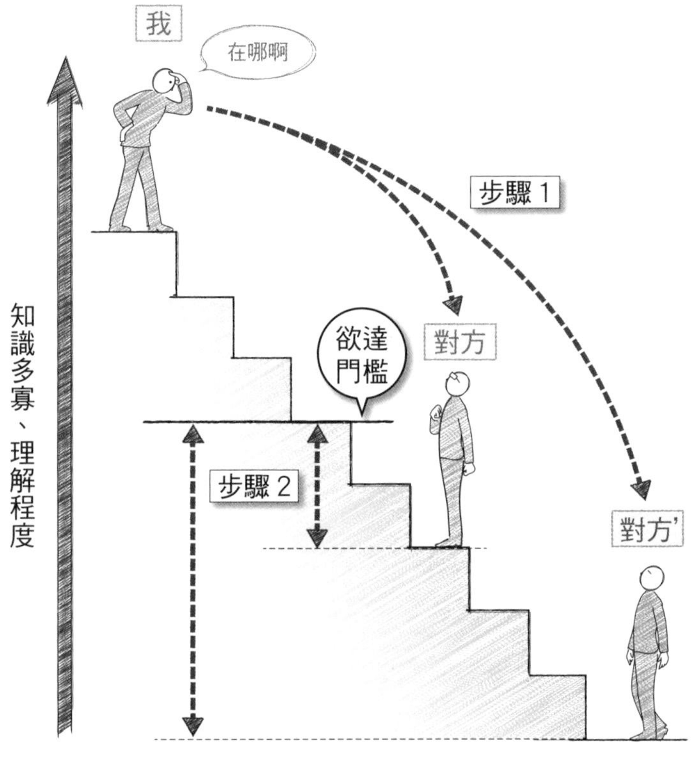
我
在哪啊
知識多寡、理解程度
步驟 1
欲達門檻
對方
步驟 2
對方'

說明所需的「心理側寫」是什麼？

首先來談步驟0。

之所以設定一個步驟0，是因為這是說明的前置作業。

也就是說，實際上這個動作要在IKPOLEP法的Step1「引起興趣（Interest）」之前進行。

其實，具備有效說明能力的人，**會在事前針對對方進行徹底的調查**。

他們會**盡可能多蒐集跟對方有關的事前資訊**。這個行為稱作心理側寫。

前一陣子，我函請了某人氣投資講師，以及曾坐上收視率第一寶座的某當紅自由主播來主持講座。

我邀請時問：「方不方便請您就〇〇的主題進行演講呢？」他們兩位最先說出口的話都是：「可不可以告訴我是什麼樣的人會來聽講座呢？盡可能詳細一點。」

對兩位講者來說，在深入演講主題之前，更優先確認的問題是「什麼樣的人會來聽」。

這讓我再次體認到，對一流的專家來講，掌握聽眾有哪些人比要講什麼題目更為重要。

為了讓對方充分理解說明，**去探討對方的知識多寡和理解程度，甚至連心理層面都不放過是極為重要的，如「具備多少程度的知識」、「是怎麼樣的思考方式」**等。

為什麼心理側寫很重要？

進行心理側寫時，有一件很重要的事情在第45頁有提到，就是要**先爬出自己的「理解地洞」**。

首先，**要回顧你打算說明的知識和技能在當初的習得過程，回到初學者的立場上**。

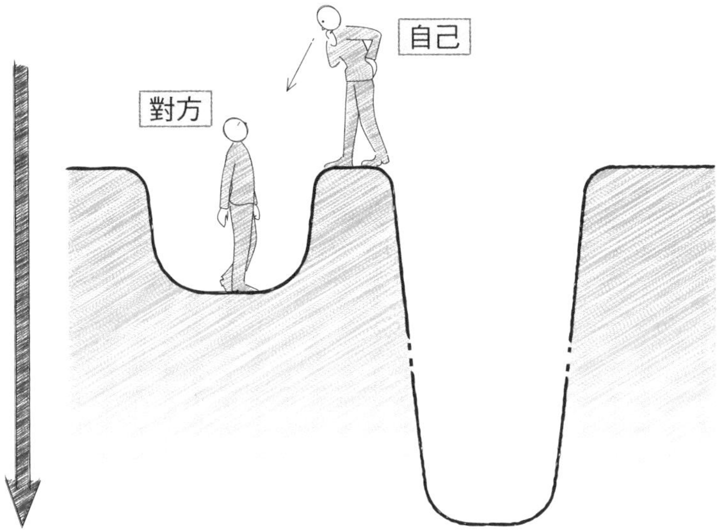

要訣是，想像離開自己的「理解地洞」後，去窺探對方的理解地洞來進行心理側寫的感覺。

至於為什麼要這麼做，**因為如果一直待在自己那深深的「理解地洞」之中，就無法看到對方的「理解地洞」**。

想要做出淺顯易懂的說明，必須盡早掌握對方的「理解地洞」在哪裡、挖到多深的地方了。

請將這件事情想作心理側寫的目的。

不過心理側寫還有更深一層的目的。

那就是**掌握對方的「理解地洞」後，**

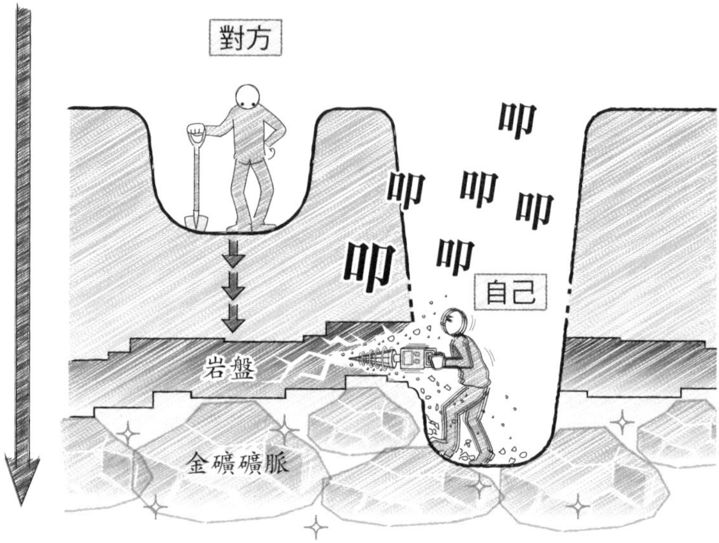

找出將來加深理解時會妨礙到他的障礙。

我將這個理解地洞中的障礙稱作「深入時的岩盤」。

說明方需要盡量先繞到前面，幫對方破壞掉「深入時的岩盤」。

之所以這麼做，是因為在前方等著他的就是金礦了。

對方理解到一定深度後所得到的甜美果實，就是具有創造性與重現性的知識、技能。

為了讓對方挖到這條金礦礦脈，我們說明方必須擔任鑽頭的角色，鑽碎對方「深入時的岩盤」。

要側寫什麼？

心理側寫時，除了對方的「知識多寡和理解程度」之外，盡量針對「年齡」、「性別」、「屬性」、「有興趣的事」和「目的／目標」、「動機」、「需求」等方面仔細調查，會大大提升說明的效果。

而**「對方有興趣的事情是什麼」**——尤其重要。說明方只要把握好這一點，IKPOLET法Step1「引起興趣（Interest）」的精準度就會顯著提升。就結果來說，說明的寬度也會一口氣拓展開來。

前面提到美國社會心理學家羅伯特．B．席爾迪尼也在著書中寫道：**「想要說服對方，重點在於找出對方對什麼方面感興趣。」**

為了讓對方充分理解說明，我們必須要調查對方本身對什麼事情感興趣、關注哪些方面。

我自己在補習班課堂上跟新來乍到的學生見面前，會先把該學生過去的模擬考結果和大學的志願序、甚至連就讀的高中都盡可能記在腦海裡。

之後進行上課的想像訓練，然後才實際站上講台。這麼一來容易去接近學生感興趣的部分，也容易說出一些學生會有反應的話。

再來，**說明淺顯易懂的人，不只會在說明前對聽者進行調查，說明的過程中也會持續進行心理側寫。**

對方聽到自己說的話是會點頭，還是露出疑惑的樣子，視線與眼睛的動作、眼神的變化，這些都是測量理解程度的指標，所以要盡可能持續觀察對方。如果說明看起來沒有進到對方腦袋裡，也要改變表達方式和說明的切入點，重新嘗試。

為此，說明中觀察對方是絕對不能少的。

有一件事情要請各位放在心上。

那就是**說明方「不要對對方抱有過度的期待」。這句話的意思絕對不是要你看不起對方。**

只是，**就算是說明方滾瓜爛熟的事情，換作對方的立場，他們對新資訊所感受到的困難卻是超乎我們的想像**。所以我們不忘尊重對方，但也記住不要加諸過度的期望。

我自己也曾因為對學生抱持過多期待，差點導致整堂課作廢。

我過去認為補習班的化學課上，「學生會知道1～20號的元素符號是理所當然的事情」。只不過某天課堂上，有幾位學生連類似「比美蓋世蓓蕾」這種背誦元素週期表的口訣都不知道。

這個事實對我來說非常衝擊。當時的我根本無法想像，竟然有人會不知道炭元素C的原子序多少。

所以在一對多的課程（說明）時，先做好心理準備，接受聽眾中有一卡車什麼都不懂的人在會是比較明智的選擇。

只要假定好這件事情，反而有助於你擬定說明的對策。

「我看這麼簡單的事情，他應該不至於不知道吧。」如果像這樣**對對方抱有太多期**

待，**就會注意不到自己和對方之間溝通上的誤差**。為了盡可能避免這種誤差，我們要徹底進行心理側寫。我認為這才是名符其實的「將心比心」。

順帶一提，**徹底進行心理側寫的人，必定擁有一股渴望對方能充分明白自己說明的熱忱**。站在說明方的立場，對方怎麼看都處於資訊弱勢方。

這時，如果說明方對對方沒有抱持任何誠意和敬意，說著說著就會變得高高在上，在一些小地方冒出看不起對方的言詞。

反過來說，**如果抱持著渴望對方能充分明白自己說明的熱忱，對方也會感受到這股熱忱**。就結果來看，對方聽你講話的心態就會變得積極。這麼一來說明效果加倍，也能進一步加深理解。

一切取決於對方的反應

接下來，我們來看看步驟1「了解對方實際上的知識跟理解到底有多少程度」。

步驟0 徹底對對方進行心理側寫

步驟1 了解對方實際上的知識跟理解到底有多少程度

步驟2 衡量說明欲達門檻和對方知識多寡、理解程度之間的落差

步驟3 進行彌平落差的說明（第4～8課）

這個步驟的**核心，非對方的反應**莫屬。

請把這邊說的反應，想作對方對你所安排之東西的產出。

具體來說可以透過以下2種方法來評斷產出內容，也就是對方的知識和理解程度。

方法1 語言化的輸出 ⇩ 使用7個問題

方法2 視覺化的輸出 ⇩ 使用考核式評斷

方法1使用到的是衡量對方理解深度的「7個問題」。

而方法2則是使用到「考核式評斷」，這大概就類似於事前測試。

順帶一提，術語上會將產出稱作外化（投入則稱作內化）。

在教育心理學的世界裡，教導時的順序通常可用「內化↓外化」的模型來表示。不過依照我在教育現場的感覺，如果連聽者的理解程度到哪裡都不知道，直接就從內化開始的話危險性很高。

「對方具備的知識如何？理解程度到哪裡？」——我認為說明的基礎必須建立在這些對方的資訊上，否則就沒辦法充分進入對方的腦中。

但就算這個步驟1沒有做得很嚴謹也沒關係，畢竟要準確判別對方的理解深度真的很困難，現實的問題上，我們也沒那麼多時間。所以請大家記住，這個步驟1只要「大概」知道一下就OK了。

那麼，接著就要分別來看方法1和方法2了。

方法1 ～7個問題～

「能不能告訴我，在讓對方充分理解說明的技巧方面上來說，你現在最重視的事情是什麼？」如果我可以直接對身為讀者的你提問的話，我會丟出這種問題。

為什麼會這麼問？因為假設我有辦法得到你的回答，我就能夠跟你談最適合你程度的說明技術還有訓練技巧的具體方法了。

掌握現在你所具備的知識和理解有哪些東西，對於我要讓你理解「有效說明」是什麼也是一項重要的要素。

如果情況允許詢問對方，應該最先從這裡下手。

提問的目的是為了**讓對方具備的知識轉換成話語**。

也就是透過對問題的反應來確認「到底對方知道多少」。以下要介紹這種時候可以使用的問句，全都是我的獨門秘笈。

下列這些就是可以衡量理解深度的「7個問題」。

①你能不能告訴我這是什麼？～掌握現狀～

②追根究柢來說，這是什麼？～定義與分類、架構明確化～

③這要怎麼定位？～掌握全體與部分～

④為什麼會這樣？那結果會怎樣？～理解因果關係～

⑤為什麼要這麼做？怎麼做的？～判斷目的與手段～

⑥也就是說怎麼樣？具體來說怎麼樣？～抽象化與具體化～

⑦證據是什麼？背後原理是怎麼樣？～指出證據與機制～

這些問題是我參考英國愛丁堡大學名譽教授、心理學家諾艾爾 恩特維斯托（Noel Entwistle）的著作後所制定的。

我會適當選擇這①～⑦的問句來提問，並根據回答來大致判斷對方的理解程度在哪裡。

當然我們無法光靠這些問題就衡量出所有要素。只靠提問，一定還是有很多弄不清楚的地方。但我保證，至少對方對於這一類的提問能否對答如流會是一項判斷基準。

基本上我們要從問句①開始，然後請配合希望對方理解的內容以及理解最後抵達的程度，從問句②～⑦之中挑選兩三個問題來提問。如果所有問題對方都能正確答出，就可以判斷他已經相當了解了。那如果對方幾乎回答不出任何問題的情況，就以該部分為核心去設計說明方式就好了。

我們來看看具體的步驟。

首先使用問句①，突然把說明的角色丟給對方。問句①其實包含了其他6個問句所有的內容，不過其目的在於讓我們知道對方現階段能表達出多少自己具備的知識和技能。

做到這件事情後，再適度挑選剩下的問句②～⑦來進行提問。

比方說你想讓人充分理解「什麼是人工智慧」，這個時候提問的目的就是搞清楚

「對方對於人工智慧知道多少」。

將此套入問句①的話——

「能不能跟我說說，你現在知道人工智慧的哪些事情？」

就是要這樣直白地提問。假如說處於無法向對方直接提問的狀況的話——

「各位知道最近大家都在討論人工智慧的話題嗎？」

就像這樣對全體丟出問題，如果聽者對這個提問點頭的幅度等反應很小的話，那就

開門見山地說——

「知道人工智慧是什麼的朋友，麻煩舉起手來讓我看一下好嗎？」

這樣也可以。這麼一來我們就知道對方的狀態是——

「聽是聽過，但沒有很清楚。」

差不多就是這種感覺，只要掌握到對方的知識大概有多少，我們就通過第一道關卡了。而在我實際上課的時候會丟出下面這種問題——

「這個單元學校教過了嗎？」

先從確認學生的學習狀況開始著手。這部分資訊是我們需要先知道的最低門檻。

再回到剛才有關人工智慧的說明，我們要配合希望讓聽者理解達到的程度來進行提問——

「不過，各位真的知道人工智慧的定義嗎？」（項目②）

「各位知道人工智慧運用在哪些地方嗎？」（項目⑤）

順帶一提，說明過程中**要觀察對方的表情、有沒有點頭等反應，假如反應不怎麼積極，請把說明的程度降低到讓對方聽了會心想「那我懂你意思了」**，並持續說下去。

以人工智慧的範例來說，「人工智慧」這個詞小學生可能沒聽過，所以這時我們就要換成「機器人」和「腦袋瓜」這種字眼來說明——

「有一種技術使用了機器人的腦袋瓜，這種技術叫做人工智慧……」

如這邊舉的例子，**請養成持續觀察對方反應的習慣，說明前加上一個前言，而且前言的難度必須符合對方確切知道的知識程度。**

還有，**這7個問題不僅可以用在說明前調查對方到底知道多少，也可以在說明後用**

來確認對方已經瞭解了多少。

如果在你說明後，對方可以回答這些問題，那很有可能代表你的說明讓他充分理解了。

這7個問題非常實用，說明前、說明後都能派上用場。比方說學生問我問題，我回答過後會反問學生——

「有沒有辦法說明看看我剛才解釋給你聽的東西？」

藉此來確認學生有沒有明白到可以和我進行相同程度的解說。

雖然一再重複，但還是得跟大家說，要判斷對方是否充分理解自己的說明，光靠這些問題肯定是辦不到的。

不過還是請大家記住，假設對方流暢回答出這些提問，**或是反過來讓對方說明出東西的話，至少在衡量理解深度上還是頗具效果。**

方法2～考核式評斷～

有些說明方會在說明前請對方進行紙本測驗，這是評斷對方的知識和理解程度的第2個方法，目的在於**將對方具備的知識視覺化**。這種說明前的測驗稱作考核式評斷。

說明方根據測驗結果，研擬之後的說明該怎麼進行。

這種方法**在聽者數量過多、無法一一提問的情況下特別有用**。

設計幾道能夠判斷對方現有知識和理解程度的問題，並在說明開始前請對方填答。

選擇這項方法2時，如果想避免原先擬好的說明流程亂掉，建議可以一併用上步驟0的心理側寫，如此一來就不必太擔心了。

如果這項事前測驗反而會讓你花費更多說明的步驟和時間，那就沒必要特別去做了。但對於研習會講師這種需要對初次見面的人說明大量資訊的情況，事前測驗就非常有幫助。

此外，**這裡有一個竅門，就是測驗的問題必須要比後來說明的事情程度更基礎**。如果不這麼做，對方可能在你說明前就感受到困難，而且填答結果不理想也可能會打擊到對方的積極度。

換句話說，這會造成聽者對於說明的心理障礙（心牆）。

依我的經驗，這種事前測驗編列的問題最好簡單到答對率在8成左右。如果是高中化學的初學者，那測驗問題大概就類似原子序1～20號的元素記號，以及週期表初步知識這種程度。

怎麼拿捏「要說明什麼才好？」

步驟2為「衡量說明欲達門檻和對方知識多寡、理解程度之間的落差」。

步驟0 徹底對對方進行心理側寫

步驟1　了解對方實際上的知識跟理解到底有多少程度

步驟2　衡量說明欲達門檻和對方知識多寡、理解程度之間的落差

步驟3　進行彌平落差的說明（第4～8課）

掌握對方的知識多寡和理解程度後，接下來要衡量你希望透過說明讓他們抵達的門檻跟他們現在差多遠。換句話說，**要拿捏「到最後理解的程度前，『理解的階梯』還有幾階？」**

這邊如果是用前面提到的步驟1的方法1來看，那落差的部分就是對方回答不出來的問題，所以我覺得衡量上相對簡單一點。

比方說以人工智慧的例子來看——

「各位知道人工智慧運用在哪些地方嗎？」（項目⑤）

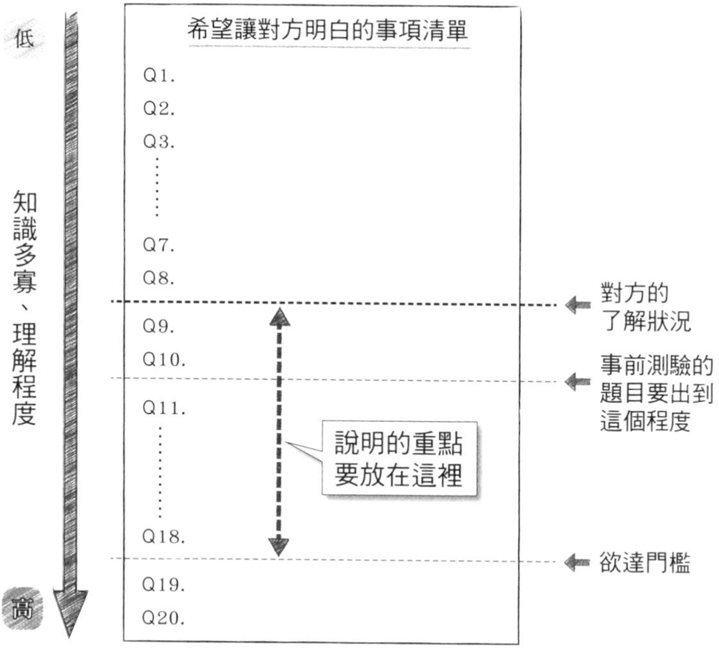

如果對方無法回答這道問題，那就在之後的說明介紹「能與人對話的機器人」和「拍攝X光照片來找出病症」等人工智慧實際運用的範例（舉例的方法會在第7課講解）。

另外，如果是用步驟1的方法2，**對方答錯的問題等級以上的部分、跟欲達門檻之間的差距，就可以用來當作說明內容的參考。**只要集中說明這個差距的部分就好。

比方說像上面這張圖，我們希望對方理解的內容有Q1～20。

而假設事前測驗的題目出到Q10，欲達門檻在Q18。

這個時候，對方的測驗平均答對率有8成，也就是說對方的知識多寡和理解程度大概有到Q8的話，那之後只需要把說明的重點放在Q9～18就好了。

就算不是全部的說明都能這麼順遂，但光是先對聽眾程度有個概略的印象，說明起來也會完全不一樣。

聽者已經明白時的對應方法

這一節我們要來談，當對方已經有一定程度的知識多寡和理解度時，說明有什麼訣竅。明明對方好像已經知道了，但礙於說明流程還是得再多講一遍，不覺得這種情況讓人有些提不起勁嗎？

這時，使用下面這種說法的話效果奇佳——

「我想各位也知道〇〇，但不覺得這其實××嗎？」

像這樣，利用「不覺得這其實……嗎」的說法，丟出一個針對大前提的疑問。

這種技巧**在聽者為複數，而且知識多寡和理解程度有所差距的情況下十分有效。**

我們用前面提到的人工智慧來舉例。

例如——

「我想很多人也知道，人工智慧不同於以往的電腦，就算人類不直接輸入資料也可以持續自行獲取資訊來學習。這種行為稱作機器學習，但你們不覺得人沒有輸入資料，電腦還能自己累積資訊這件事情其實很不可思議嗎？」

使用這種表達方式，**可以讓你希望對方明白的知識和技能更加貼近對方的程度，而**

且透過對大前提拋出疑問，可以在對方腦中建立問題意識。

即使對方覺得這是他早就知道的內容，讓對方意識到前提的部分其實還有他不知道的事情、或是一些必要的技能，也是說明的一項重要職責。

更容易建立知識網路的記憶機制

稍微岔題一下，這邊要簡單補充一些有關記憶機制的精髓部分。

教育心理學界常常提到，記憶分成短期記憶和長期記憶（下圖）。

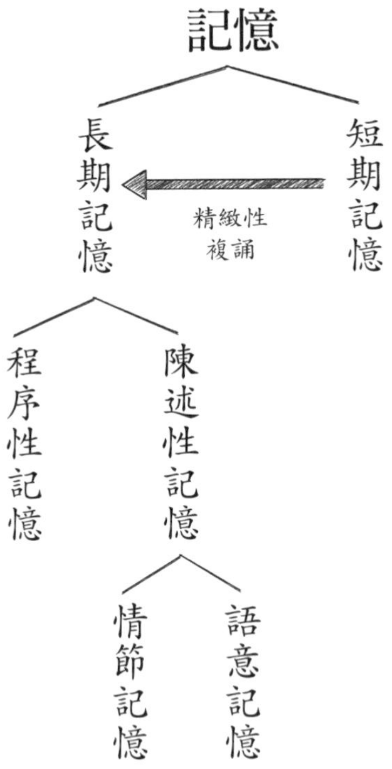

為了維持新獲得的資訊（知識）並持續使用，必須要將暫存在短期記憶區的資訊轉存到長期記憶區。

要將資訊轉存成長期記憶，必須要理解該資訊並反覆操作（這種過程稱做「精緻性複誦」）。如此一來新資訊就會轉移到長期記憶，成為知識保存下來。

雖然有些贅述，不過長期記憶還分成陳述性記憶和程序性記憶。

陳述性記憶就是確切事實的記憶，其下又分成語意記憶和情節記憶。語意記憶就是「貓屬於一種哺乳類」這一種知識，而情節記憶則是「我昨天和上司一起吃了晚餐」這一類的資訊。

程序性記憶則是指汽車的駕駛方法等事物操作方法方面的知識。

9 成事情都記得起來的記憶法

最近新聞上也會提到「Active Learning」，不知道你有沒有聽過？這個Active Learning的意思是「主動學習」、「自發性學習」。

這和以往教師單方面一對多教導的教育型態不同，會在課堂上進行口頭報告和小組討論，是一種加入調查和實際體驗要素的學習法。

這種主動學習有一項一般人（教育界以外）不太會意識到的目的，就是「穩固孩子的記憶並加深理解程度」。

我想一定有人會覺得疑惑：「為什麼主動學習可以加深記憶和理解程度呢？」我來簡單說明一下。

左頁的圖稱作學習金字塔。

看了這張圖相信大家也明白，過去進行的單向授課只是被動聽講、閱讀課本，其實

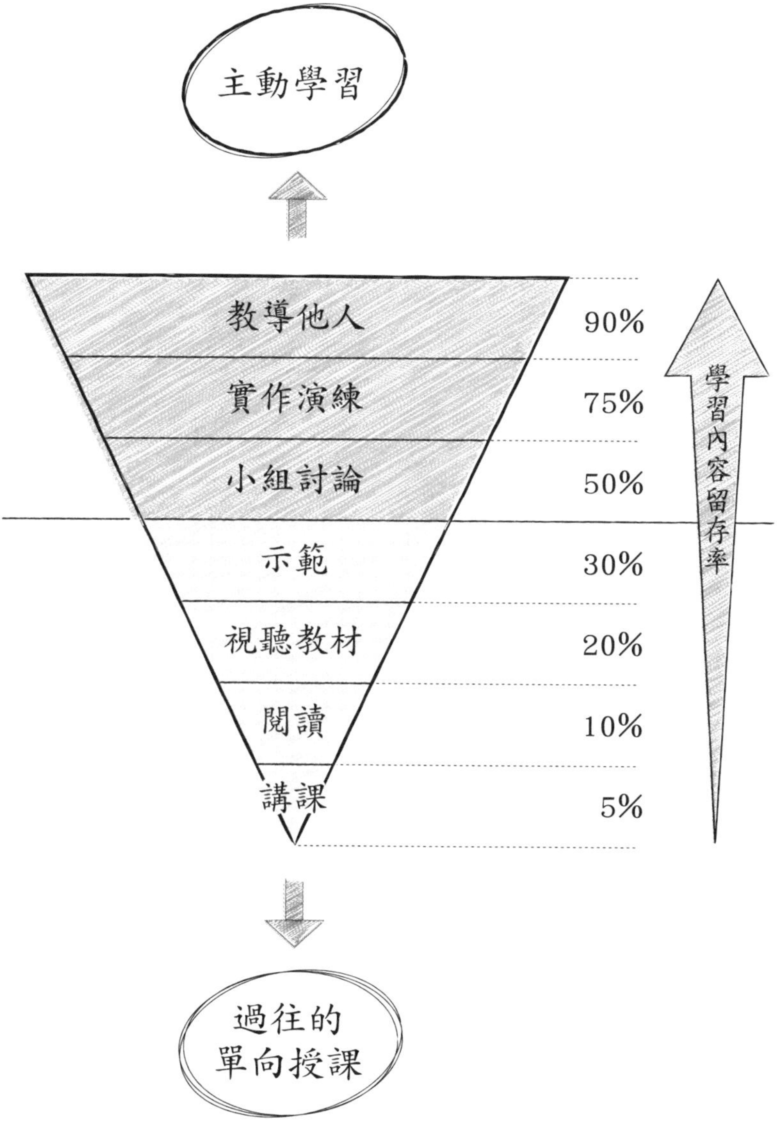
主動學習
教導他人
90%
實作演練
75%
小組討論
50%
示範
30%
視聽教材
20%
閱讀
10%
講課
5%
學習內容留存率
過往的
單向授課

記憶留下來的概率很低。將這些活動更換成小組討論和實作演練，就可以大幅提升記憶留存率。

換句話說，主動學習的活動有助於提高學習內容的留存率。這是因為用自己的話來跟同學說明，就是說**透過教導他人的行為，自己腦中的資訊會經過一番整理，所以更容易留下記憶**，學習內容留存率約達9成。其實根本就不需要一直背一直背一直背，「對人說明」的行為才是高效率記憶法。

老實說，就我個人的意見，並不是所有學習者都適用這個學習金字塔。畢竟上面的數字太漂亮，研究論文上的Evidence（證據）也感覺不夠強力。

可是，就我在教育現場實際經驗的感覺，**比起單純只有聽課的學生，會跟朋友相互教導的學生，感覺起來學習內容的確記得比較熟**。

所以，我自己都會這樣告訴學生：「如果真的想學會，那就要熟悉到有辦法跟別人解釋。」

越是有辦法妥善說明，那份知識在你腦中就越是穩固，這些也都是說明的附帶好處。

接下來，我們要進入「有效說明的黃金公式」Step3的「P」了。

速效金句

- **「你知道●●嗎？」**
- **「方不方便就你所知，告訴我跟●●有關的事情呢？」**

★COLUMN★COLUMN★COLUMN★COLUMN★COLUMN★

專欄

②

試試看替人指路

～利用身邊的習慣讓「說明能力」UP！～

「從最靠近東京鐵塔的出口出來，左轉會來到東京鐵塔這一面，就是很多高樓大廈的那邊。面向那邊，右手邊有幾家便當店（中略）一直直直走就到了。」

某天，我跟朋友約好要去東京鐵塔。他人先到，上面是他給我的路線說明。雖然這樣講很對不起我朋友，但他的說明我還真的是有聽沒有懂。

總是站在聽者的立場說明，盡量不要用到聽者可能不知道的知識（比方說大馬路的名稱），加入數字之類的資訊來傳達，這些事情非常重要。比如說，照下面的方式說明，是不是就有站在對方的立場了呢？

「往神谷町站1號出口的樓梯走到地上，然後馬上左轉走2、3步會碰到第1個十字路口，那裡左轉後會碰到上坡，爬上去後右手邊就看得到東京鐵塔了。」

指路是訓練淺顯易懂說明技巧的最佳方式。

★COLUMN★COLUMN★COLUMN★COLUMN★COLUMN★

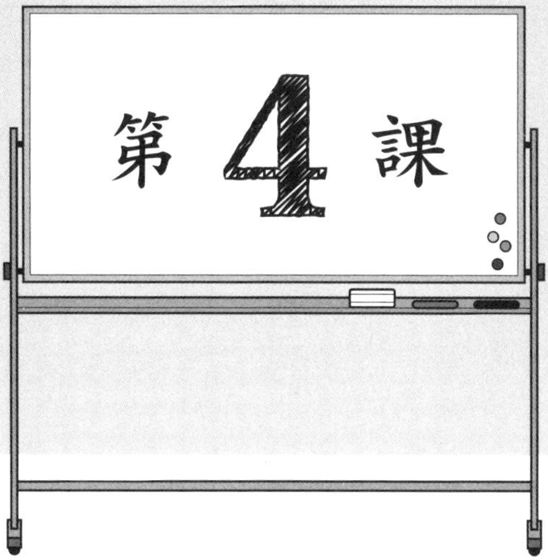

有效說明的黃金公式「P」

Step 3 表明目的（Purpose）

以前我跑健身房時，教練曾對我說過這麼句話：

「犬塚先生現在做的訓練啊，是為了讓上臂二頭肌這邊練成這種形狀喔。做起來也許很累，但請想像自己的二頭肌會變成這種樣子，加油！」

那位教練是那種肌肉嚇嚇叫的健美先生。我雖然沒有打算要練成他那樣，但可以理解為了達到鍛鍊上臂二頭肌的目的，這種累死人的動作是必要的。

「原來這個動作，會使用到這一帶的肌肉啊。」當我訓練時開始有這種想法後，過去做得不是很到位的舉啞鈴和伏地挺身也開始慢慢矯正姿勢。

運動也好，寫程式也一樣，平實的技能訓練做著做著，是不是會忍不住懷疑「到底做這些要幹嘛……」？我常常有這種感覺。

可是，如果跟開頭提到的健身教練一樣——

「你現在做的技能訓練，是為了讓你做到〇〇。」

做出這種說明的話，聽的人不光可以提起幹勁，還會深入思考技能訓練本身的意義。**知道目的後，對於行動的理解就會大大加深。**

本課要來告訴大家「有效說明的黃金公式」的Step3「目的（Purpose）」。

為了讓對方充分理解說明，我們需要傳達說明目的，甚至是意義。如果一個人不知道目的，那就不能說他真的知道說明的內涵。目的清楚後才有辦法說他充分理解了內容。

首先，我們要先來談把這個「目的（Purpose）」放進你說明的目的。好像在繞口令（笑）。

「目的」是理解的指南針

我是個腦袋不靈光的理科人，高中時文科讓我傷透了腦筋。特別是古典文學課，我現在還記得我當時上得有多痛苦，每次上課時我都想：「沒事幹嘛要讀這麼古早以前的人寫的陳腐文章啊……」

不過出了社會，工作碰到瓶頸時，我過去最討厭的古典著作卻帶給了我救贖。

《風姿花傳》（世阿彌著）、《君王論》（尼可洛．馬基維利著）、《論生命之短暫》（塞內卡著）云云，例子舉也舉不完。這些有名著之稱的古典著作在工作上提點了我不少。

流傳到現代的古典作品，大多都切中人類的普遍性真理，可以讓人學到很多事情。直到這時，我才意識到學習古典作品的美好之處和意義。

當然，學校教的古典作品大多是以源氏物語為代表的戀愛故事居多，可能和工作沒有直接關係吧。

不過我現在回想，如果當時學校的老師一開始就告訴我們學習這門學問的意義：「古典文學，是知曉人類普遍真理的貴重知識遺產。」像這樣，我該會多麼深陷古典作品之中啊。

而且也一定會更認真聽課的。搞不好還會改變我的升學選擇和人生路呢。

查了各種文獻，發現人如果沒意識到「為了什麼」，腦部的資訊吸收率似乎就無法提升。腦是個懶惰鬼，沒有目的，就不會去擷取資訊。

所以，為了讓對方充分理解你的說明，一定要先好好跟對方說清楚「接下來的說明有什麼目的」、「理解這些內容的目的是什麼」。

我在補習班的第一堂課一定會跟學生說這些話——

「我教課的目的，是讓你們具備拿到分數的學力。這一點是我的第一要務。既然你們待在這間教室，應該都抱著說什麼也要考上第一志願的心情，所以我上課會著重在如何徹底提高你們得分的能力。這我保證。只不過，我希望你們也把拿高分以外的事情挪到第二順位。」

聽起來好像很苛刻，但如果不在一開始就讓他們理解到自己接下來要做的事情是為了什麼目的，最後只會替彼此招來不幸的結果。

表達出過多的目的，或是不表達目的就把話說下去，都會造成對方無法理解你本來的目的。

說明學習一項行為、知識的目的和意義，可以讓對方確立理解的方向，幫助他達到理解的最短距離。

對方有多不明白你說明的目的和意義，肯定超乎你的想像。在說明早期階段確實告訴對方目的和意義，會讓你的說明變得更容易理解。換句話說，**目的和意義就是「理解**

的指南針」。

目的和手段混在一起的風險在哪？

有一點很重要，**為了讓對方充分理解說明，目的必須和達到目的的手段成套告訴對方。**

「這個目的如果是○○，為達目的只要這樣做就行了。」

像這樣將目的和手段串聯在一起，對方會更容易付諸行動。

不過也有一些比較嚴厲的指導者，可能會認為：「怎麼做得靠自己的腦袋想啊。」

我自己也不會把達到目的的所有手段都告訴學生，只是**如果欠缺理解的核心部分，原本說明的目的——「拿出有價值的成果」就會變得很難達成。**

我希望各位明白，我並不是想說：「說明就是要手把手帶著走。」而是「這是目的，這是手段。」我想說的是，**將目的跟手段分開來說明是非常重要的**。

至於為什麼，**因為目的和手段混在一起的話，思考就會走歪，可能導致聽者浪費不少時間去理解**。

比如說，考生常碰到一個問題：「題庫的使用方法」。題庫本來是為了讓學生學會解答報考大學出的題目，讓他熟悉該科目出題模式和解法的一種手段。

但是準備考試的日子一天天過，很難避免視野變得狹隘。結果學生的目的就成了學會完美解答眼前的題庫。

「老師，這本《化學研習》題庫上的問題我沒有辦法全部回答出來，該怎麼辦才好？」我常常碰到學生問我這個問題。

準備大考的學生，必須自前一年秋天開始寫歷屆考題，掌握大考的出題傾向，並找出自己要解決的課題。

可是不知道為什麼，「在我有辦法完美解答這本題庫前不想去碰歷屆考題」——有這種神秘心態的考生意外地還不少。

所謂的題庫，只是讓學生學會解決志願大學入學考考題的手段（工具），然而這種學生有種傾向，很容易把手段目的化，輕視本該更重視的歷屆考題演練。

準備大考的目的本身是「在報考大學的入學考試上分數超過合格門檻」，除此之外毫無商量餘地。如果考生自己不明白這件事，一直做一些效果很差的行動，行動本身將無以為繼。

憑良心講，我覺得準備大考根本算不上哪門子有趣的事。甚至幾乎對所有學生來說都是痛苦。

不過，只要考生認知到「準備大考」是拓展自己可能性的機會，就能吃了秤砣鐵了心，把這件事當作自我實現的一種手段了。**人只要堅定了心志，其實意外地能吃苦。**

我過去負責不少以報考醫學院為志的班級，這種班級的學生，我會跟他們解釋：

「現在你們可能會覺得眼前的英文和數學很無聊，化學和物理讀起來也很要人命。可是，日本的醫師國考平均合格率約有90%喔。也就是說，只要考上醫學院，報考國家考試，幾乎所有人都有辦法成為醫生。」強調他們目前念的書，不過是為了成為憧憬的醫師而選擇的一項手段。

一開始**必須講明最根本的「目的」，並確實傳達目前所做的「手段」其本質上的價值。**

講句比較極端的話，我甚至認為：「抱著必死的決心挺過這1年的苦讀，9成的人都可以當上醫生。」數字就擺在那邊，我認識的醫生也是這麼跟我說的。但當然這些話都必須建立在你身為一個醫生，累積足夠的見聞、技術的大前提下就是了。

目的和手段本來是連接在一塊的共同體，可是說明方要將其切開來談，讓對方充分理解各自的意涵。

此外，這裡的「目的」也可以抽換成「意義」。

說明欲對方理解的內容其本質意義，就能迴避對方自己產生「做這些事情要幹

嘛……」這種疑問的風險。

到底目的和手段之間是什麼關係？

我們再深入一點目的與手段之間的關係。

本來，目的和手段存在階層關係（下圖）。

換句話說，可以將你希望對方明白的說明內容之上的階層（Layer）全部視為目的。

同樣地，希望對方明白的說明內容之下的階層就是手段。

也就是說，目的和手段是相對的東西。用其他講法的話，**哪個是目的哪個是手段要經過比較才能確定。**

舉個具體的例子來說。

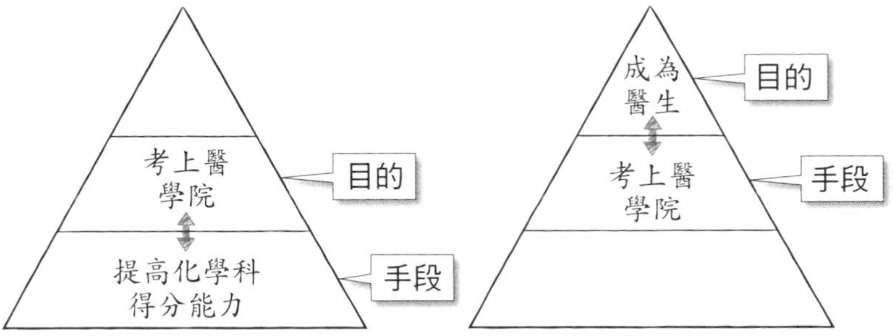

比如前面提到「考上醫學院」的目的是「成為醫生」（我想幾乎所有學生都是吧）。換句話說，「考上醫學院」就是為了「成為醫生」的一種手段。

再來，為了達成「考上醫學院」這個目的，考生必須要提高化學方面的能力。

這時我們就可以將「提高化學科得分能力」視為達成「考上醫學院」的一種手段。

也就是說，「考上醫學院」這件事情在不同情況下可能是目的也可能是手段。這就是我說的，目的和手段是相對的。

另外，如果慢慢習慣這種2層構造的話，請試試看用3層構造來說明（下圖）。想讓對方理解之事情的上層為目的、下層為手段。

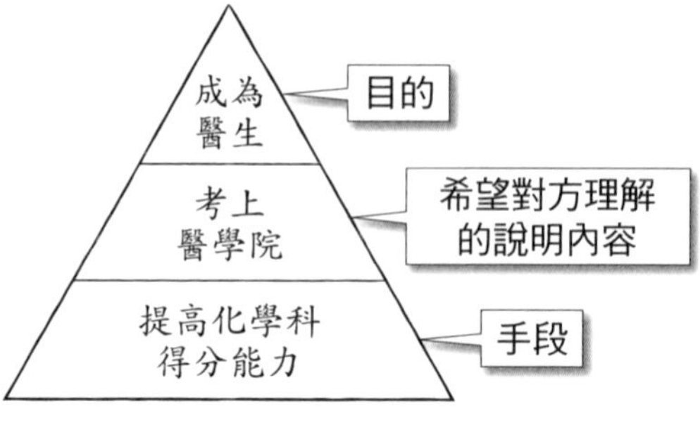

「考上醫學院」的目的是「成為醫生」，而為達成目的所採取的手段為「提高化學科得分能力」。

學會這種分層之後，你可以說明的範圍會瞬間變得更寬廣。

此外，有些時候在目的之上還存在一種「真正的目的」。

像下面這種情況，「成為醫生」的目的之上還有「為偏遠地區醫療貢獻一份心力，創造醫師人數充足的社會」這種目的。我稱最上層的目的為「真正的目的」。這個「真正的目的」在企業等方面就相當於理念和展望。

我認為在說明一件事情時，**雙方有沒有共享這個「真正的目的」，會大大影響到對方理解的深度。**

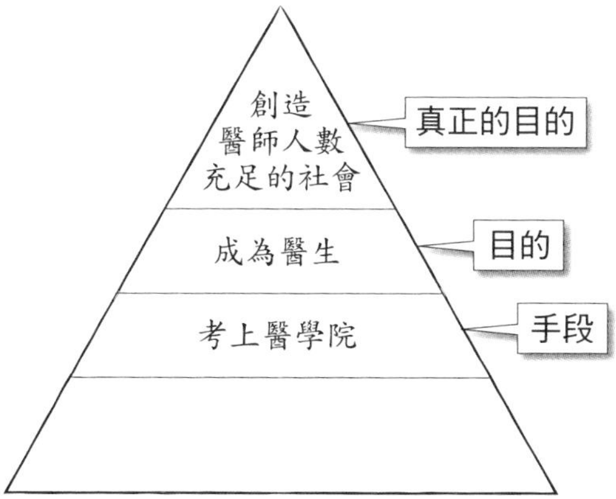

我也有過這種經驗，參加與會者沒有共享理念這種「真正的目的」的會議時，大家提出的想法全都既短淺又偏離對的方向，根本沒辦法統整。

雖然提出新發想只是達成**目的的一種手段，但目的要清楚、加上彼此相互理解，才能產生前後連貫的好方法（想法）。**

對一個人和一個組織來說，如果弄清楚最重要的事情是什麼，剩下的全是手段。

不要輕忽手段的說明

本課最後，我們要再三提醒各位有關手段的概念。

簡單來說，**空有目的和意義，人是拿不出成果的。**

聽起來或許會覺得很理所當然，不過就算理解了目的和意義，也不能保證一定有辦法創造成果。

之所以這麼說，是因為**如果要做出實際成果，絕對不能缺少創造具體反應的行動方針和技術這些手段**。

現實的社會上，如果不落實想法、具體行動，就沒辦法得到成果。就算理解「考上醫學院」這個目的，如果不提高報考的各科目能力也沒辦法達成目的。再來，為了提高各科能力，就必須熟稔學習方法和問題的解法。

也就是說，**想就某個目的拿出成果，連採取具體行動的手段也必須一併跟對方講清楚說明白**。

就算說出期望和想法來打動對方的心，不連手段一起確實傳達的話是沒辦法讓人動起來的。而人不動起來，就沒辦法有所收穫。所以，**必須要將目的和手段拆開來，並成套進行說明**。

用前面「題庫使用方法」的案例來說，「一定要搭配參考書一起念」、「半年內要做完」、「寫上日期」等手段也有必要一起對跟學生說明。

此外，說明手段時有個注意事項，請注重「具體化」。

這個具體化的部分會在第7課詳述。具體性掌握了行動的關鍵。

還有，人說什麼都很難避免「目的」在腦中的印象漸漸淡化、模糊。變成這種狀態的話，我們就很難將其轉換成具體的行動（手段）了。

為了防止這種事情發生，**我們要將目的寫在紙上進行視覺化、實際說出口化成明確的語句，在對方腦中反覆提醒。**

對方如果接收了好幾次提醒，目的就會更明顯停留在腦中，也容易想像出具體的行動（手段）。

以前我在電視上看到職棒選手說過一段話。

想透過揮棒練習有效提升技術，揮的時候心中就要想像自己打的是投手投來的球。不能不管三七二十一的勤揮猛揮（手段），必須意識到自己的目的是要打到投手的球，才能練就實在的揮棒技術。

目的明確，手段（行動）更容易確定，因此行動較容易產生改變。我認為這才是所謂的學習。

接著，在這堂課的最後，我要來好好講講這本書的目的和手段。本書的目的是**「讓你學會如何運用一種『公式』，將難度較高的內容淺顯易懂解釋給對方聽。」**

主要採取的手段有「充分理解本書內容」、「嘗試填寫最後面的範例表格來擬定草稿」、「實際演練看看」。

請務必將本書作為一種手段（工具）好好利用，願能幫助你達成目的。

緊接著，我們要進入「有效說明的黃金公式」Step4的「O」了。

速效金句

- 「其實●●的目的是……所以才要這麼做。」
- 「為了○○（目的）我希望你明白●●（說明內容）。為此只要做××（手段）就好了。」

專欄

③

教教看孩子念書

～利用身邊的習慣讓「說明能力」UP！～

對對方充分理解內容，進而令行動有所變化的話，我想就可以說那份說明具有很大的價值。

先不論對方是否馬上就有行動，我希望各位這麼想：你的說明深深進入對方心中甚至足以和他的行動產生關聯，這才是最有價值的說明。

這種類型的說明會讓人在心中建立前所未有的新知識體系，其結果，帶來行動上變化的可能性會急遽提高。比方說教小孩子念書好了。

「昨天我不是教過你●跟■還有▲有關係嗎？現在我教的★其實跟●、■、▲全都有關聯喔。」這時，過去孩子腦中東一塊西一塊的知識就會因為你的說明而變得有條理。

這麼一來，孩子要輸出（行動）的難度降低，就有辦法解決更多的問題了。

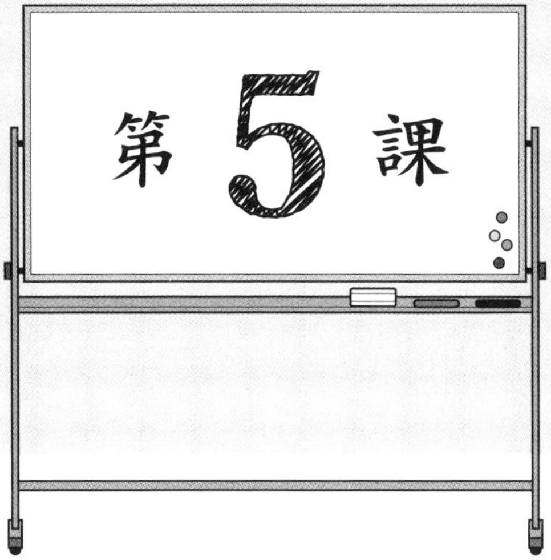

有效說明的黃金公式「O」

Step 4 展示大綱（Outline）

「現在開始我們要來談談跟〇〇有關的事情。」

「現在講的〇〇，其實是整體中這個部分的東西。」

對方聽你說明他完全不知道的事情時，如果先聽到「跟〇〇有關」和「整體中的定位」這類前言，接下來的話是不就更容易聽進去了呢？

就是說，聽者準備好聽人說話，或是說腦袋進入了傾聽的狀態。

這一課就是要講關於這種「大綱（Outline）」的事情。將「大綱（Outline）」放進說明的目的有以下2點——

目的1 明確劃出希望對方理解的範圍

目的2 俯瞰全體

說明大綱的第1個目的是希望對方明白我們說明的東西「到底是跟什麼有關」，就是劃出範圍（領域）。

範圍明確，就能讓對方清楚自己站的位置在哪。**清晰劃出範圍，你的說明內容在對方腦中就會形成具體的輪廓**（下圖）。

假如說明是像下面這樣開場的話，有什麼感覺呢？

> 「地球環境面臨許多問題，溫室氣體、臭氧層破洞、大氣汙染……」

雖然說明主題是環境議題，但感覺起來有些模糊

呢。

但如果改成——

「高中化學上我們學了很多種氣體，而這些我們學過的氣體會帶給地球環境莫大的影響。比方說溫室氣體、臭氧層破洞、大氣汙染……」

像這樣在說明前加入「高中化學」和「氣體」這種能顯示說明整體的關鍵字，就能讓對方抱持「內容跟科學有關！」的意識聽取說明。

這麼一來，對方腦中就會開始想像「自己要理解哪個範圍的東西呢？」

「接下來我希望各位了解的是這個範圍的事情。」只要你像這樣**清楚勾勒出說明內容的輪廓，對方腦中就會做好去理解說明的準備。**

為什麼我們需要「俯瞰」？

將大綱加入說明的第2個目的，是**讓對方親自俯瞰你要說明的整體內容**。

俯瞰的意思是「從高處瞭望寬闊的範圍」，也就是說，彷彿飛鳥的視角一樣一覽整體（下圖）。**擁有鳥的視角，就可以掌握要理解之內容的整體輪廓**。

而如果無法俯瞰全體，就只能以狹隘的方式去掌握事情，思考和理解的幅度都會十分受限（次頁圖）。

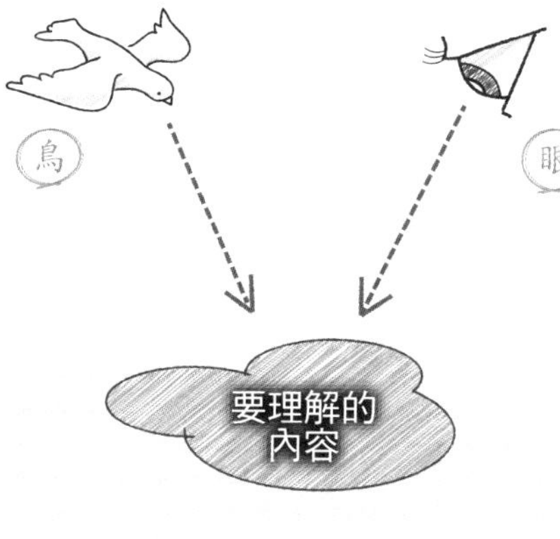

還有，**有沒有辦法俯瞰事情，不光是理解程度，連理解的速度也會有所改變。**

這種差異源自於沒有做到俯瞰的對方（比方說學生）和做到俯瞰的自己（比方說教師）**兩者間視角的落差，就算共享了相同的知識，彼此看到的景象也截然不同。**

我們以大考作範圍來看。

準備大考的學生要念的科目和單元多得眼花撩亂，平時念書念一念，偶爾會搞不清楚自己現在到底位於該科目的哪裡。當資訊增加過多，就會造成「見樹不見林」的狀況。

因此，**說明時只要告訴對方「森林」這個整體以**

〔沒有做到俯瞰〕

〔有做到俯瞰〕

及對方所站的位置，就能弄清你希望他明白到的程度（欲達門檻），與他現在所處位置之間有多長距離、又要怎麼走。這麼一來對方前進的步調會加快，能循著最短距離向終點邁進。

在教導學生準備大考時，為了讓學生養成俯瞰該科目的習慣，我會先要求他們看過目錄後再開始當天的學習。

就算是準備大考，每個科目之中也一定有前人建構出來的學問譜系（學習地圖）。而教科書的目錄上會標示學年課程進度，或是該學期會教授的單元、主題。學生在開始念書前先確認這張學習地圖，就能搞清楚自己今天要進行的學習處在哪個位置。

就結果來說，這會提升之後學習的理解程度和速度。

反覆進行這個動作，對方腦中「這是全體之中的部分」的意識就會大力運作。

反過來說，總是只看部分的人就會落入只能理解眼前狹隘主題的窘境，學習很容易變得倨促，導致產生這些疑問：「所以這裡是哪裡重要？」或「我現在到底念了多少東西？」因而陷入不安。

如果不能俯瞰整體輪廓，會造成大量時間和心力的浪費。

就算能明白Step3所講的**理解的目的（Purpose），如果不加入大綱（Outline），就會在通往理解的過程中迷路。**如果要打比方，那就跟拼圖一樣。

如果只看一個又一個拼圖碎片來拼，我想得費上許多的時間才拼得出來。但如果是看過拼圖的完成圖後，在腦中想像完成圖的模樣再將各個碎片放到該拼的位置，想必速度快得多了。

告訴對方我們希望他明白的事情的輪廓，對方就能清楚劃分出新資訊的範圍，俯瞰整體內容的樣貌了。

2種大綱

那麼，要怎麼樣把大綱加進說明呢？

我過濾出下面2種大綱的型態來加入說明。

①集合（全體與部分）

②時序（進展）

①的集合（全體與部分）這種說明技巧，近似於「大綱（Outline）」這個詞彙中含有的「框架（Frame）」意涵。像下面這句——

「接下來我們要談談跟○○有關的事情。」

至於②的時序（進展）意思則比較接近「大綱（Outline）」中的「線（Line）」的涵義部分。如同下面這句——

「今天要講的○○，在整體過程中大概位於××。」

依需求將這2種大綱加入說明，就能一口氣加深對方的理解。首先，我們來看看①的集合（全體與部分）。

大綱① ～集合～

範圍明確的一群事物稱作「集合」，而構成集合的一件件東西則稱作「元素」。

「集合」這項概念雖然出現在高中數學，但也不用想得太困難，簡單想成「一群東西」就行了。

說明「全體與部分」時的具體方法可以分成2種情形來討論。比方說，A（對方既有知識）和B（新資訊）為部分與全體的關係，那可以想到以下兩種狀況（下圖）。

〔Case1〕

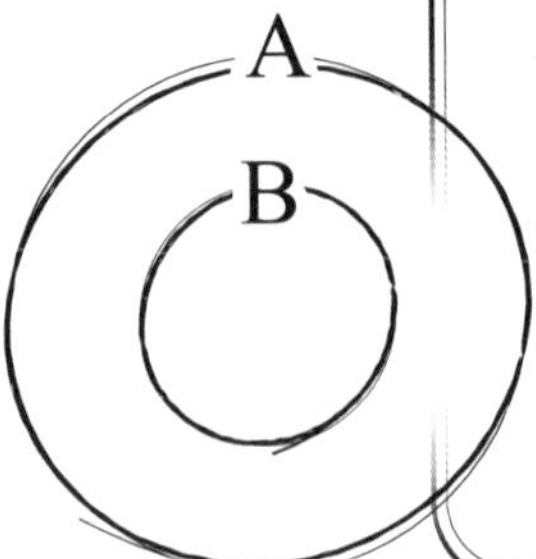

〔Case2〕

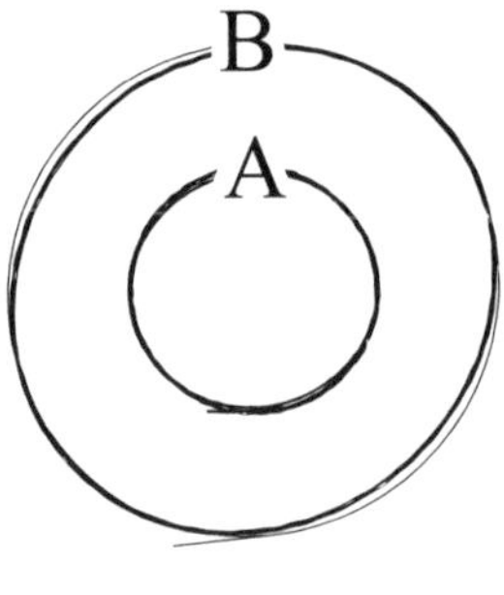

Case1的情況是B（新資訊）為A（對方既有知識）的一部分。

「集合」這項框架套用在「分類」的概念上效果非常好。

接下來要舉的是私人的例子，雖然有些不好意思，但因為我最近的興趣是養寵物，還請多多包涵。

假設情況如：A是「貓」（對方既有知識），B是「賓士貓」（新資訊）。

「賓士貓」是一種臉部黑白花紋以鼻樑為界分成八字形（類似賓士商標）的貓。

也就是說，暹羅貓和波斯貓這些各式各樣種類的貓所屬的集團（A）中，存在賓士貓（B）這種貓（下圖）。

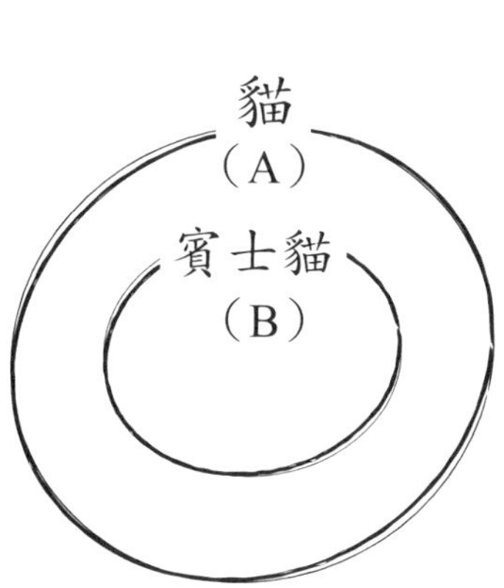

因此，為了讓對方充分理解什麼是賓士貓（B），要做的事情不是滔滔不絕講賓士貓有多可愛，而是要在說明早期階段就告訴聽者賓士貓是貓（A）的一種。

至於Case2則是A（對方既有知識）為B（新資訊）的一部分。

舉例來說，A是「變形蟲」，B是「原生生物」。

我想變形蟲（A）這個名稱應該不少人都知道，但知道變形蟲（A）和原生生物（B）之間確切關係的人也許就不是那麼多了。

結論來說，變形蟲是原生生物這一整個群體的其中一部份（下圖）。

為了讓對方理解何謂「原生生物」，我們必須將它跟對方

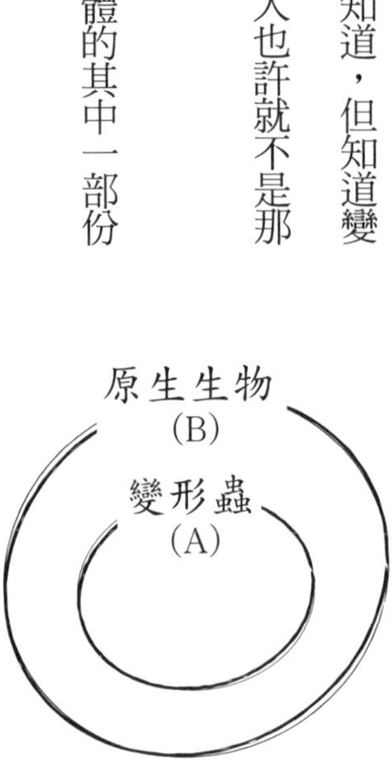

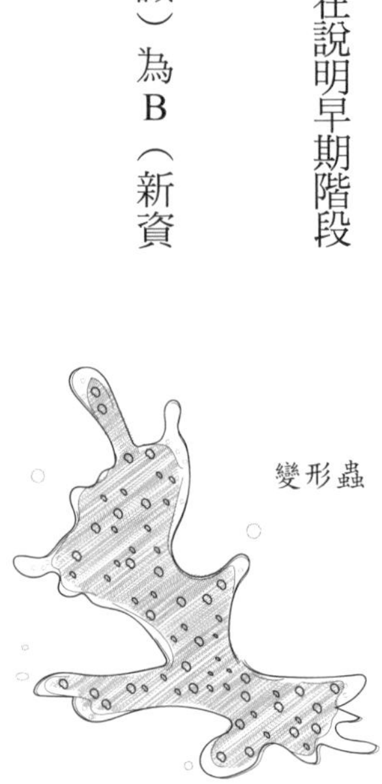

已知的「變形蟲」牽線，用「全體與部分」來告訴他們這兩個東西的關聯性。

這項技巧在第3課的「知識（Knowledge）」已經有使用，跟後面第7課要談的「具體化（Embodiment）」也有關聯。

另外，碰到A（對方既有知識）和B（新資訊）乍看之下毫無瓜葛的情況（下右圖），這裡教大家一個容易告訴對方A和B之間關係的小撇步。

就是用一個新的框架（假設叫C）含括A和B來進行說明（下左圖）。

這時有一點要注意，C這個**新的框架基本上請用「對方既有知識」來設定。**

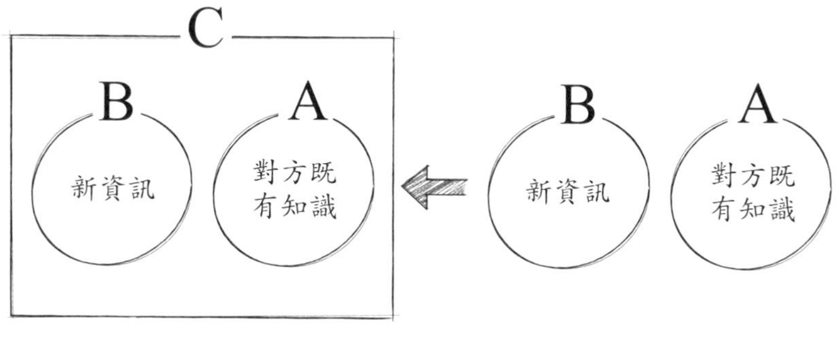

比方說我們想想看A是「紅玉」、B是「肯特之花（Flower of Kent）」（新資訊）的情況（下圖）。這種情況，為了讓對方知道B是什麼，我們可以使用「蘋果」作為框架C。實際說明如下——

> 「你聽過肯特之花嗎？聽名字可能會覺得這是一種花卉，不過其實肯特之花並不是花，而是跟日本有名的紅玉一樣都是蘋果的一種。」

這樣說明的話，就算對方不知道紅玉，建立「蘋果」這個框架後也能讓對方瞬間理解紅玉和「肯特之花」之間的關係。

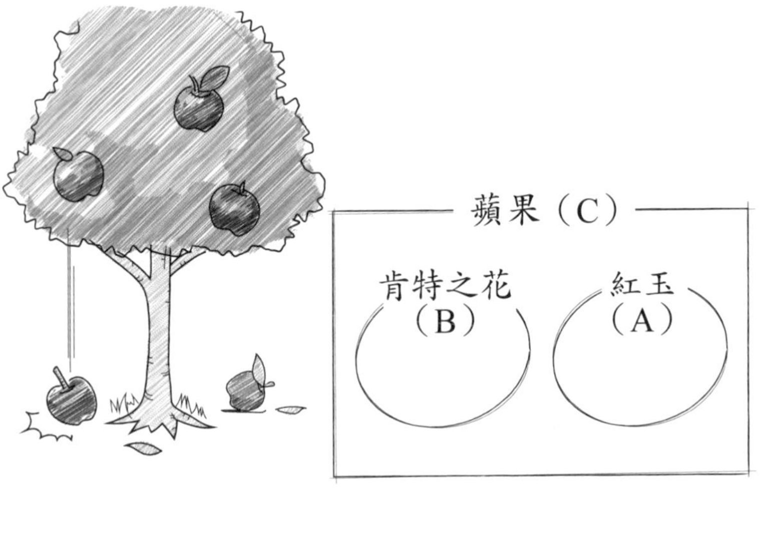

雖然接下來要說的話可能有點多餘，不過有一則大家耳熟能詳的故事——牛頓發現萬有引力的契機是看到蘋果從樹上掉下來。

其實那顆蘋果樹的品種就是「肯特之花」。

再來，也許你已經注意到我所使用的技巧了。剛才我使用「牛頓」和「萬有引力」這些字眼，接通絕大多數人都應該知道的知識（Knowledge）。

好了，那我們要進入大綱的最後一個主題——「時序」。

第5課

大綱② ~時序~

本課的最後，我們要來講運用大綱進行的第2項說明：「時序」。

這項技巧在**利用時間軸加深理解的情況下效果卓越**。

比方說工廠中如果碰到這種問題：「現在進行的作業是已經進行到整個工程的哪裡了呢……」

「全部有10道工程，現在進行到第7道了。」

就可以像上述回答一樣，**告知進展如何，對方腦中也能浮現整個工程的程序**。

第133頁講到的課程進度（配合教育目的所計畫的教育內容表單）也可以視為一種以時間軸角度來表現教育綱要的方法。

由於課程進度大多會呈現在教科書的目錄編排上，所以利用目錄來說明大綱，可以讓學生在腦中清晰浮現出學習的順序和進程。

我們將這個利用時序（進展）來說明大綱的方法套在本書身上試試看。

〔說明範例〕

本課的內容（部分）是有效說明（範圍）的公式之一。這個說明的公式稱作IKPOLET法，全部有7個步驟（全體）。而本課講的「大綱（Outline）」為IKPOLET法的第4步驟（下圖網底部分）。

這種綜觀全體，將說明內容的「集合」和「時序」以大綱的角度加入說明，就能顯著提升對方的理解程度。

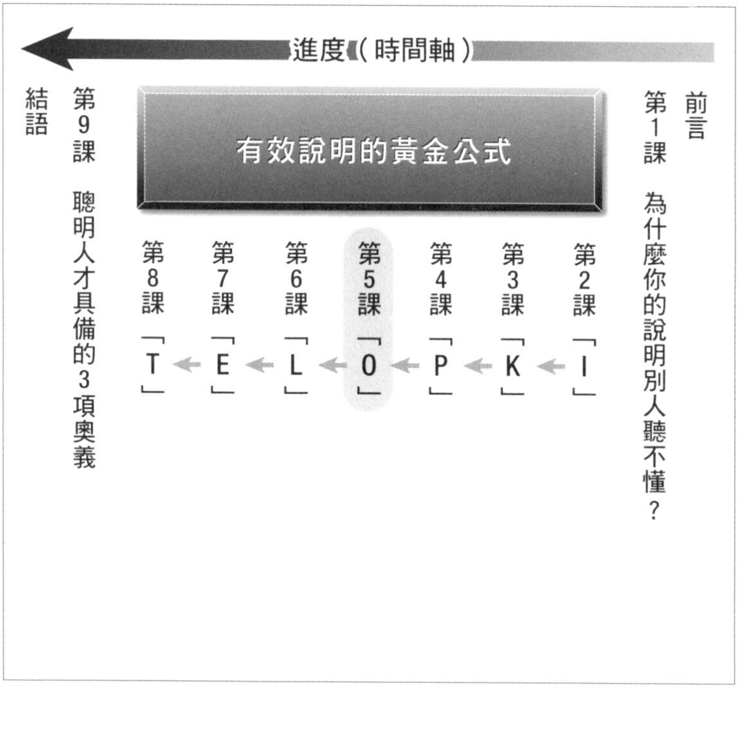

那麼，下一課就要來看看「有效說明的黃金公式」Step5的「L」了。

速效金句

- 「●●是在××裡頭的這個位置喔。」
- 「整體過程中，●●大概位於這個地方。」

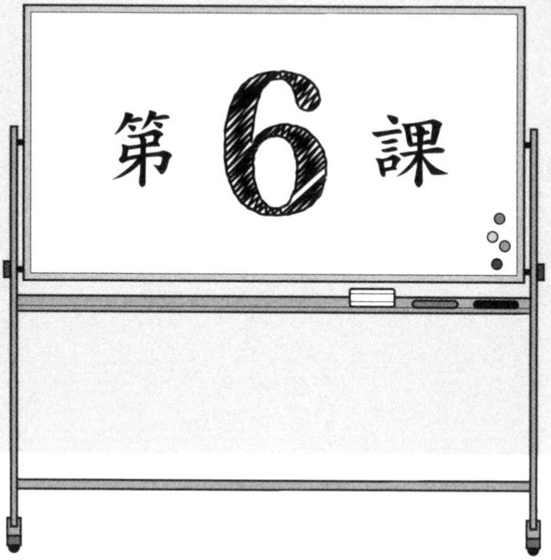

有效說明的黃金公式「L」

Step 5 產生連結（Link）

「你知道嗎？其實這個跟這個之間存在著這種關係喔。」

人類這種生物其實對於「關聯」這件事情可是喜歡得不得了。

「好想知道兩件事情的關係！」這種情感是人類天生的追求欲望，我們可以用第1課也提過的「了解」的機制來解釋。

當人腦中產生新的神經迴路、或是迴路得到強化時，我們就會產生「我懂了！」的感覺。而在那瞬間，多巴胺這些帶來快樂感的物質會在腦中嘩啦啦地釋放出來，讓我們得到快感。換句話說，**人類天生就是一種想幫事物找出關係的生物**。

像LINE這種app和Faebook這類平台，我認為都是充分運用了人「想和其他人有關連」之欲望的系統。

本課要講的是「有效說明的黃金公式」Step5的「連結（Link）」。

「連結」在讓對方理解說明內容上可說是最重要的一項主題，是IKPOLET法7個步驟的核心。

具體來說，這個「連結」（以下稱Link）就是將你說明的新資訊（知識）連接上某些資訊（知識）的行為。

其實，連結的技巧本身和第3課中講到的Step2「K」——「設身處地配合聽者的知識和認識」是有關聯的。

只不過「K」的目的，是你在說明的入口附近琢磨「如何流暢地帶進說明」，而且說話時只集中在對方所具備的知識上。

至於本課Step5「L」所使用的技巧，不光會利用聽者具備的知識，還要用盡一切「連結」來讓對方充分理解說明內容。

具體來說，連結分成以下4種類型。

類型1　原因和結果「因果關係」

類型2　A的構造為B「原理」

類型3　從散亂的東西中理出一項規律「歸納法」

類型4　填平外壕「相關知識」

配合需求適度將這4種類型的連結加入你的說明之中，可以顯著提升對方的理解程度。此外，教育心理學家約翰．比格斯（John Biggs）和凱薩琳．唐（Catherine Tang）的著作《Teaching for quality Learning at University》中舉出下列①～⑩項動詞，表現出學生達到深度學習的方法上所具備的特徵。

此外，這裡的「深度學習」大概可以想成「為達充分理解內容的學習」。

①回顧

②應用於延伸問題

③建立假設
④**連結原理**
⑤運用於身邊的問題
⑥進行說明
⑦論述
⑧**找出關聯性**
⑨理解核心概念
⑩記述

看到這些例子，我想你也發現項目④跟⑧符合本課的主題「連結（Link）」。毫無疑問地，想要充分理解內容，「連結」是至關重要的因素。想必各位也明白了。

那麼就快讓我們來看看類型1的「原因與結果」吧。

類型1　原因和結果「因果關係」

類型1的「原因和結果」就是所謂的因果關係。

因果關係的意思是：「因為A，結果發生B」的關係。

「其實之所以會發生〇〇，原因在於……」

「這件事情的其中一項原因是〇〇。」

前面兩句話就是加入了因果關係的說明方式。

因果關係有個大前提，就是時間順序必須是「A（原因）↓B（結果）」。

想讓對方充分理解說明內容，說因果關係是最簡單且有效的連結方法也不為過。

尤其「好想知道原因！」可是人性天生的強烈情感，如果貼近這份情感，對方的理解程度也會提升得令人眼睛為之一亮。

因果關係的說明上，特別要注意時間軸位置。

將因果關係加入說明時要刻意脫離時間軸，講解說明內容的原因時往過去挪、講解會造成的結果時往未來搬（下圖）。

有一種學習輔助系統稱作「電腦輔助教學（Computer Assisted Instruction）」，這和最近討論度很高的ＡＩ（人工智慧）使用了類似的系統。這項電腦輔助教學跟ＡＩ的發展同樣於近年急速發展。

我們來試試看使用因果關係進行說明，讓對方充分了解「ＡＩ發展」到底是怎麼一回事。

「為什麼時至今日，ＡＩ發展得這麼急遽呢？」首先要從這項根本原因講起。舉個例子——

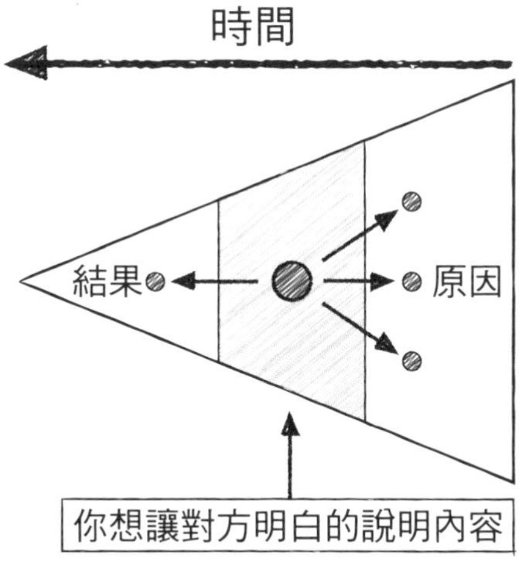

「工作性質單純的人感受不到工作價值，想把工作丟給機器做。」

這種說明還不差，但不覺得看不太出來跟ＡＩ發展到底有什麼關係嗎？當然，前面這種人類的心理變化也是原因之一，不過——

「ＡＩ發展起來的最大主因，是因為硬體設備和網路急速發展，因而有辦法準備ＡＩ進行學習所需之大數據（大量的資訊）的緣故。」

我想這樣說明的話就比較直觀一點，也比較踏實。

ＡＩ可以大量儲存自我學習所需的教材，再將這些教材連上網共享——這種說明方法對方應該會比較好懂，也會增加說服力。當然ＡＩ發展起來的原因不是只有這樣，但這裡重要的是**因果關係要建立在時間順序上，並盡可能優先選擇直觀且關聯性強的東西**

來說明。

換一個說法，就是從離結果較近的原因開始說明。

以前面的說明來看，比起「工作性質單純的人感受不到工作價值，想把工作丟給機器做」，我想還是「能準備ＡＩ自我學習所需之大數據（大量的資訊）的硬體和網路急速發展」比較有感覺，也比較能讓人接受。

這是因為前者跟後者比起來，原因和結果的距離較遠的關係（下圖）。

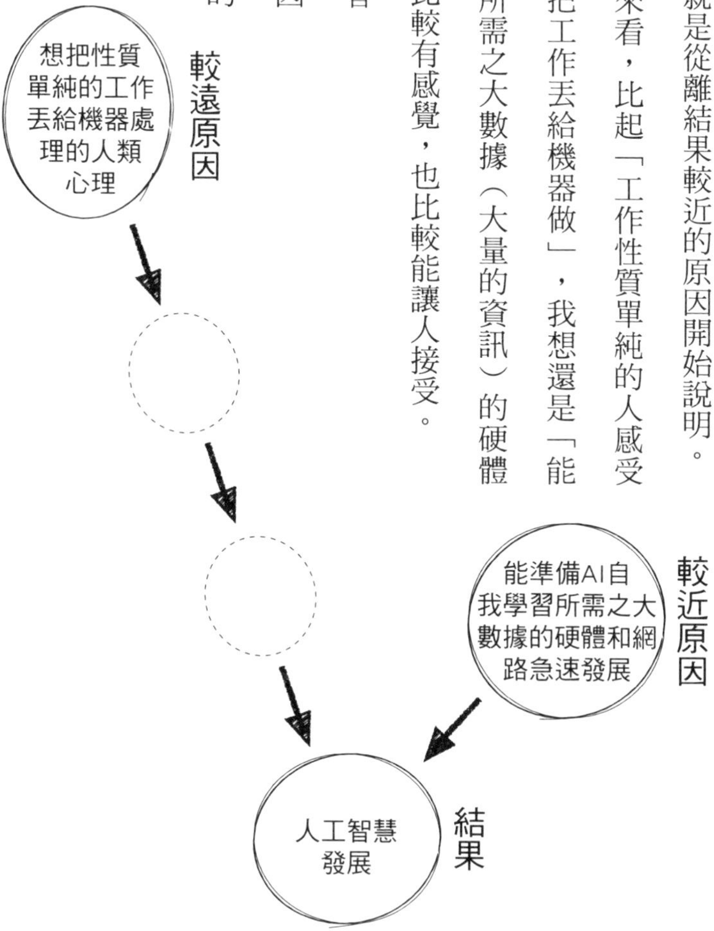

還有，類型1的說明上**有一點必須特別注意，就是不要將因果關係和相關關係搞混**。

相關關係即是指「A變化時，B也產生變化」的關係。因果關係和相關關係之間大概就像下圖所表現的關係。

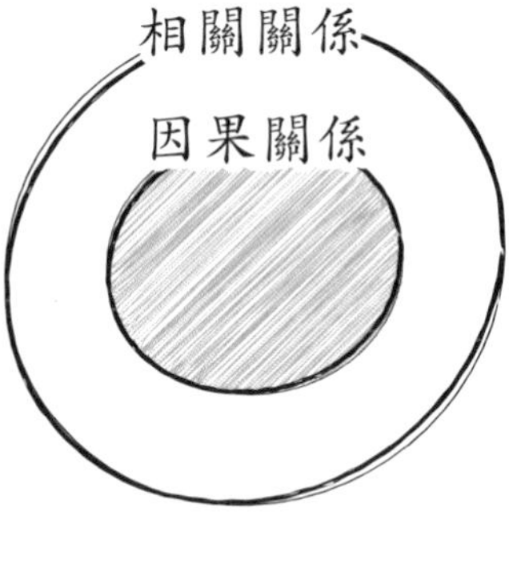

舉例來說，全球暖化（平均氣溫上升）的同時，AI也發展起來（普及率上升），這兩件事情還算得上明確的相關關係。

只不過「全球暖化」和「AI發展」之間存不存在因果關係？

還用得著說，答案是NO。

這個狀況只是兩者碰巧具有相關關係，並非某一方為另一方的原因。我在網路上也看過一件跟這種情況很類似的事情。

「只要吃早餐，就更容易考上大學（左頁圖）」這倒底是怎麼一回事呢？

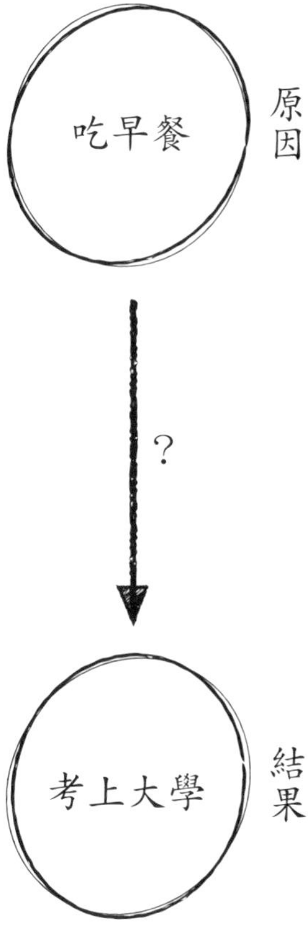

「吃早餐」和「考上大學」之間具有什麼關係，讓我們從2種視角來想想看。

第1個視角，如前面所提過，「吃早餐」（原因）和「考上大學」（結果）為距離很遠（或可說相關性薄弱）的因果關係（次頁右圖）。

第2個視角，是「吃早餐」和「考上大學」兩者同樣有「規律生活習慣」這項第三原因存在（只是相關關係）（次頁左圖）。

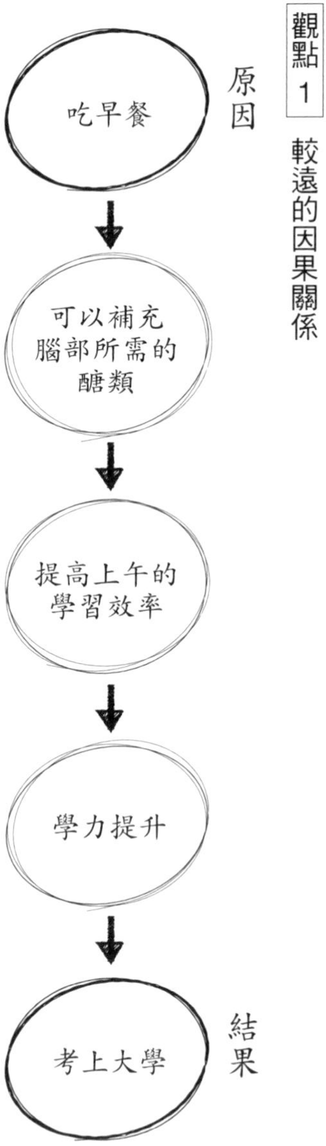

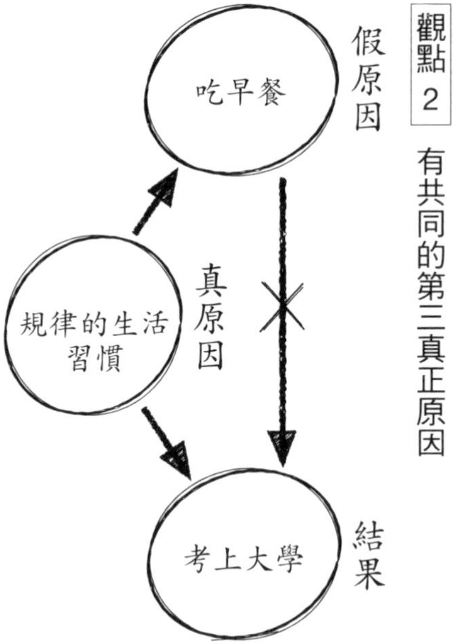

不管是哪種情況，如果說明要讓人聽明白，「只要吃早餐，就更容易考上大學」這種直接把因果關係的形式丟給聽者的狀況，可說是難懂說明的典型例子。

加上因果關係進行說明時，最重要

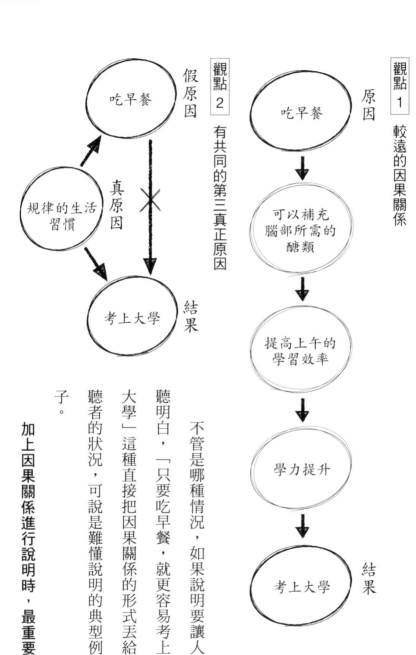

的是正確且簡明扼要傳達原因與結果的直接關係，不要只告訴人家兩件事情的相關關係。

還有一件重要的事情，**使用因果關係進行說明時必須配合說明脈絡**。

比方說想想前面的「ＡＩ發展」例子，你要說明的內容是技術方面、還是社會情勢方面，不同脈絡的情況下，要加入的因果關係當然也會隨之改變。

此外，決定說明脈絡的因素，是先前Ｓｔｅｐ3的「目的」以及Ｓｔｅｐ4的「大綱」。以這2項要素來**搞清楚「為了什麼、要在哪個範圍內開始說明」**，因而決定說明脈絡。

還有，**你希望對方理解的內容「會導向什麼樣的結果」**也一併說明的話，**會讓對方有更深一層的理解**。

前面的說明使用「原因」，是從過去拉往說話當下的作法，而**加入「結果」的說明則是要將話題的時間點移到未來**。

拿前面「ＡＩ發展」的例子來談談。

牛津大學研究報告指出「ＡＩ發展」的結果為「現存職業有約50％會在未來10～20

年內消失」。

也就是說，ＡＩ發展的結果，將會導致現有職業消失掉大半。姑且不談到底實際會不會發生，配合ＡＩ發展後的未來進行說明，可以更凸顯出現在「ＡＩ發展勃興」的狀況，讓聽者充分理解。

類型2　A的構造為B「原理」

接下來是類型２，將「原理」加入說明。原理講白了，就是把戲的手法和機關這類的東西。

為了讓對方充分理解說明內容，說明你所傳達的新資訊（知識）背後的原理會十分有效。

加入原理的說明和類型1因果關係的不同之處，在於基本上沒有必要大幅度更動時間

軸。雖然也可以稍微移動時間軸，但大致上請將時間視為靜止狀態。

比如說，「為什麼水跟油會分離？」你小時候有沒有想過這個問題呢？

我們來試試看解釋這種情況的原理。

印象中我在小學1年級的時候，曾經裝了一杯水，然後偷偷從廚房拿了一點沙拉油滴進去，用免洗筷攪了好幾分鐘。

結果，油馬上就飄～到水面上，完全沒有混合。在正式說明油水分離的成因前，我想先從「溶於水到底是怎麼一回事」的原理講起。

我們假設杯子倒水，然後丟一顆方糖進去。

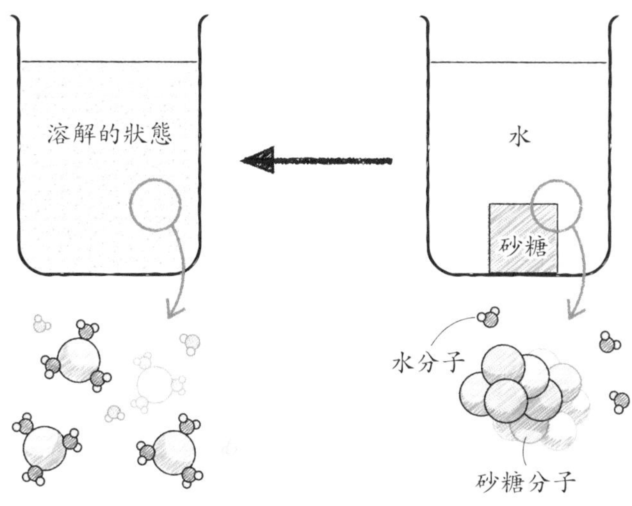

本來水和砂糖是由分子這種小粒子所組成，這2個東西的結構適性非常好。因此方糖的砂糖分子會被水分子包圍，在水中打散開來。這就是「溶解」的原理（前頁圖）。

至於油雖然也是小分子所組成，但其結構和水的適性非常差。細部的事情我們先忍痛不談，就結論來說，水分子不會緊黏著油分子不放，跟砂糖不一樣。換句話說，油分子無法在水中散開，所以水跟油才會分離（左下圖）。

因為我負責化學科，所以為了讓學生充分理解，這種解釋原理的方式是非常適切的技巧之一。

其他像「冷凍寶特瓶就會造成破裂的原

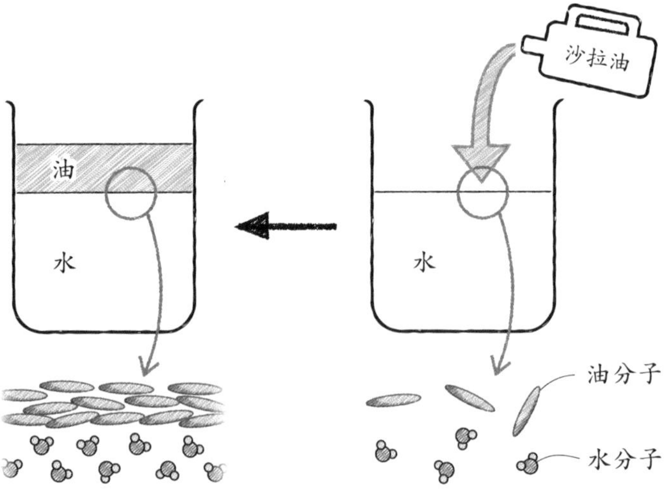

理」、「以氫和氧作為動力的電動車原理」、「透過DNA鑑定來鎖定殺人犯、或是辨別孩子是不是親生的原理」，例子怎麼舉都舉不完。

也就是說，不是只有化學，**科學這門學問可謂原理的寶庫啊。**

大家可以閱讀一些寫得簡單明瞭的書籍，如《好多好多世界的奇妙現象和發現　自然故事366（ふしぎと　見がいっぱい！　理科のお話366）》（小森榮治監修　PHP研究所出版）。先不論有沒有辦法實際把這些事例搬過來用，如果想學習說明原理的能力，我非常推薦這個方法。

類型3　從散亂的東西中理出一項規律「歸納法」

產生「連結」的第3個類型，以歸納法進行說明。各位有聽過歸納法嗎？感覺好像很複雜的樣子呢。

其實歸納法的意思是「從資料和個別案例來推敲出普遍存在的一般性質、找出法則。」屬於一種抽象化方法。可以說**「從散亂的東西中理出一項規律」**（下圖）。「歸納法」是科學界常用的一種方法。

我們來想想國中的理化實驗，假設用裝有小燈泡的電線來連接銅板和鐵板，並放入食鹽水，這麼一來小燈泡就會亮起來。也就是說，產生了電。

以同樣的概念，試試銅板、鋁板、鉛板、鐵板的各種組合並浸入食鹽水，同樣會讓電燈亮起來。從這些結果，我們可以找出「食鹽水中放入2種不同金屬會產生電流」的法則（左頁圖）。這就是所謂的歸納法。

不瞞各位，**歸納法在讓對方理解和他既有知識**

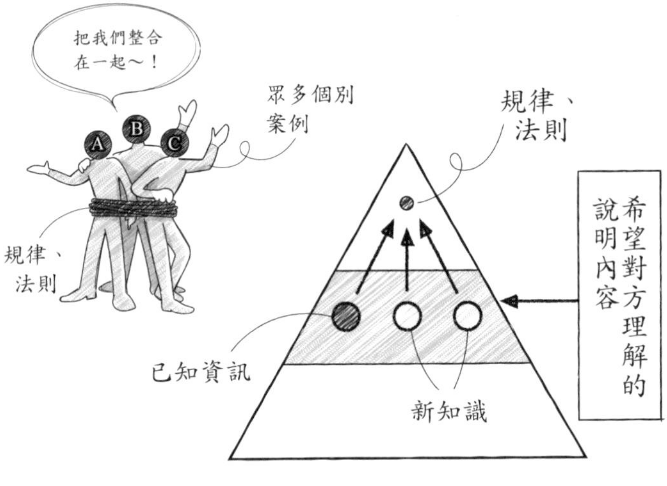

同等級的新資訊時非常方便。

舉個例子，假設D同學有「突然放開握著手機的手，結果手機沉到水底」的經驗（既有知識）。

這時你身為理化老師，打算讓學生明白「隕石墜落的原理」（新資訊）。

這種情況下，D同學的經驗（手機沉到水底）和「隕石墜落」就可以統一用「萬有引力定律」來解釋「空中的物體失去支撐力的話就會往地面墜落」的現象。

「D同學的手機之所以往下掉，還有電影《世界末日》中的隕石之所以會掉下來，其實都是萬有引力法則引發的現象。」

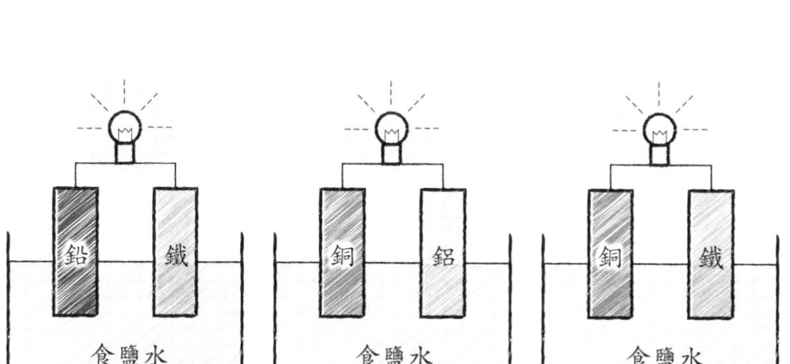

像這樣，使用歸納法連結對方所具備的同等級知識，就能順利將對方腦中既有的知識和新資訊連接起來。

有件事很重要，**如果可以用某項規律、法則來涵蓋對方既有知識以及新知識，那就應該積極地把這些東西加進你的說明。**

類型4　填平外壕「相關知識」

產生「連結」的最後一項技巧，就是將說明內容的相關知識也加進說明。希望對方充分理解的事情為核心，其周邊有關聯的知識就稱為相關知識。感覺就像填平外壕。

「跟這個很類似的事情，還有□□喔。」

將相關知識加入說明，可以大幅提升你的說服力和對方的接受程度。

比方說，在介紹眼蟲時把相關知識一起加進說明怎麼樣？

【說明範例1】

眼蟲又名眼蟲藻（Euglena），是一種單細胞生物。眼蟲藻（Euglena）的學名由來是「eu（美麗）」+「glena（眼睛）」，其特徵為細胞中可以看見粉紅色的球（細胞核）（下圖）。

眼蟲也會使用鞭毛來運動，但和同樣身為單細胞生物的草履蟲（動物）不同，眼蟲具有葉綠體，可以行光合作用，是一種「介於動物與植物之間」的生物。

而且，由於眼蟲含有豐富的營養，因此常常用來製作保健食品或是加進餅乾食用。

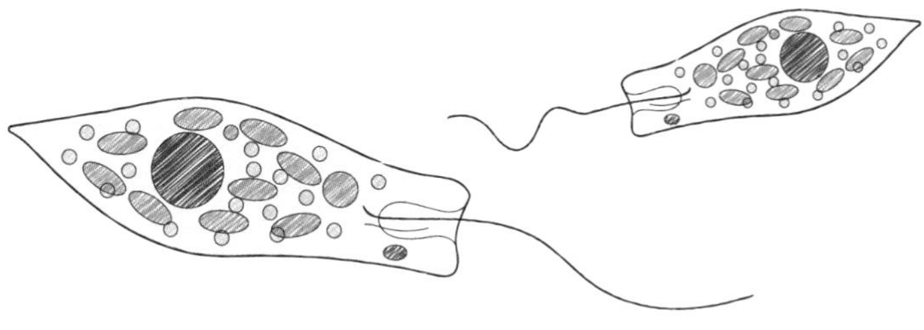

日本有一間保養保健品公司叫悠綠那（Euglena），社長為出雲充先生。他們目前正在研究如何將眼蟲用於生產生質燃料。

像前面這樣，不是一直談眼蟲在生物學方面的事情，也提及名稱由來、和草履蟲比較、以眼蟲的名稱為名的企業等跟眼蟲有關又容易懂的資訊，事先做好「知識的網路化」。

這就是相關知識本質上的功能。

另外，說明相關知識時，必須去思考一件事情——**相關知識要選擇「橫向延伸」還是「縱向延伸」，哪一個效果最好**（下圖）。

所謂的縱向延伸，好比說將背景知識加入說明。

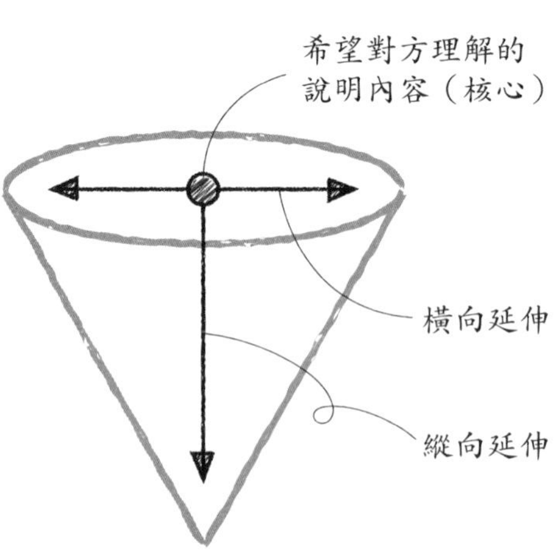

背景知識包含詞源和原意、歷史背景等沒有顯現出來的本質情報。

要說明某個關鍵字時，搭配該關鍵字的詞源和原意，或是社會情勢的歷史背景，可以幫助聽者更深入理解內容。

舉個例子，為了讓對方充分理解本書建立的基礎——「教」這個關鍵字，我將詞語原意作為相關知識加入說明。

這屬於縱向延伸。

【說明範例2】

「教」這個詞，英文拼做「educate」。「educate」的原意是「（將能力）向外（e）引導（duc）而出（ate）」。也就是說，教導的本質我們可以理解成

「引出對方（學生）的能力並使其妥善發揮」。那麼我們應該就知道，「教」這項行為並非只是教導方的事情，必須有雙方參與才能成立。

舉個其他說明的例子，口頭發表也常會用到一種技巧——「說故事」。我們試著從這個詞的原意來思考其本質並進行說明。

【說明範例3】

「說故事」的名詞部分——「故事」，英文拼做「story」。

「story」這個字源自「歷史（history）」（嚴格來說是history的拉丁語詞源「historia」）。

也就是說，故事的本質就和歷史一樣，可以解釋成「大前提是要依循正確的時間線、因果關係明確的東西」。我們就可以知道，「說故事」這項行為是沿著時間軸表現事情之明確因果關係的技術。

再來，橫向延伸則是加入同等級（階層）的知識。

我們用縱向延伸時提過的「教導」來當範例看看。

【說明範例4】

翻開英文字典，「教」除了「educate」以外，還可以查到老師用的「teach」、訓練員用的「train」以及教練用的「instruct」。

我們來比較一下這些詞的意思。

teach：「教導」的最常見詞彙，主要用於學校進行的知識和技能教學。

educate：於學校長期給予廣泛知識之行為稱「教育」人。

train：集中訓練特定技能使其「熟悉」。

instruct：主要用於有序「指導」實用的技能和知識。

（以上資料源自《Genius》）

像這樣，我們就知道「教導」會根據目的和情況而有不同的看法。

比較同等級（階層）的近義詞，可以加深對方的理解。如果有想讓對方充分理解的東西，說明方必須要先具備該東西的相關知識才行。

現在已經有很多如網路這種隨時可以查資料的工具了，我覺得大家可以養成碰到有興趣的事情馬上利用辭典**調查詞源和原意的習慣**。

此外，說明相關知識時要留意一件事情，**如果相關知識的份量太多，可能會讓本來要說明的內容焦點模糊**。如果外壕填過頭，反而就看不見中心的部分了。

如果添加太多相關知識以至於看不見原先希望對方理解之內容的核心，反而會衍生出理解不夠清楚的風險。

我年輕的時候也常常有這種衝動，「這個也想講，那個也想講！」壓抑不住這份情感的結果，就是在課堂上塞了太多東西，害學生完全聽不懂我在講什麼。

我是想要將自己的知識全數展露，可是站在聽人說話的學生的立場，根本只會造成他們的麻煩。

這是因為說明方疏忽了第4、5課講過的內容，也就是想讓對方理解說明內容的目的和大綱。

連接相關知識來進行說明的時候，千萬不要忘記自己原先的目的是加深對方對於說明核心內容的理解。

還不習慣的話，要加入的相關知識就先拿捏在必須說明之內容的20%左右，我認為這樣比較容易避免出差錯。

接著就來看看「有效說明的黃金公式」Step 6的「E」囉。

速效金句

・「之所以變成●●的理由，……」、「就會變成●●，要說為什麼……」

・「其實●●的詞源啊……」

（歸納法）

・「●●的原理，其實是××喔」、「●●的機制其實是××」

・「如果深入探討●●的話……」

・「如果從●●延伸出去的話……」

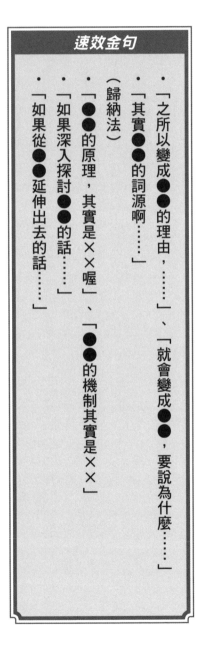

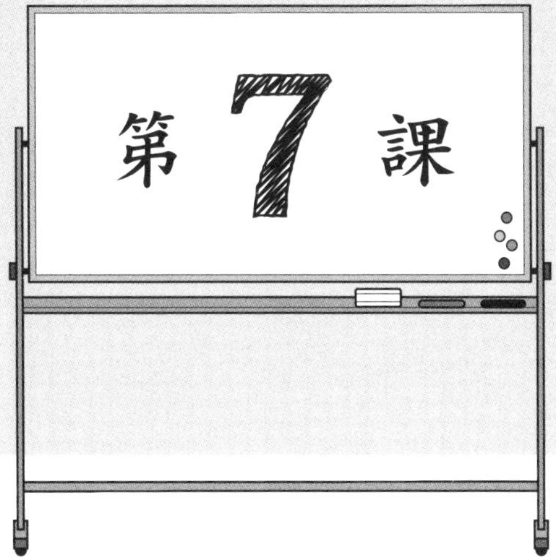

有效說明的黃金公式「E」

Step 6 具體化、拿出範例、證據（Embodiment, Example, Evidence）

「這本書可以學到淺顯易懂的說明形式。」

「這本書介紹了任何人都能使用的說明架構，可以學到淺顯易懂的說明形式。」

雖然有點突然，但我想問大家前面哪一種說明比較好懂呢？要說兩句話差在哪裡，就是差在有沒有「介紹了任何人都能使用的說明架構」這一句。

第2句的說明雖然比較長，但應該比較好懂吧？

這是因為第2句的說明比較具體的關係。

本課要來談的技巧就是這種加上一點措辭、一段話，讓你說明的易懂程度大大提升。

「有效說明的黃金公式」Step6有3個E，分別是具體化（Embodiment）、範例（Example）、證據（Evidence）共同的開頭字母。

本書的大主題是「讓對方充分了解困難內容的說明方式」，而要達到這個結果所面對的高牆，就是該怎麼把（對方覺得）困難的東西咬碎再進行說明。我自己也有在教導高中生準備大考的化學科，「咬碎」是我教書過程中特別留意並習得的技能。

隨著從小學升上國中、高中，自然理化的難度也會不斷增加。

自然理化難的地方，當然包含要記的知識量增加，但更麻煩的是內容會越來越抽象，很難浮現具體的印象。

換個方式來說，**難度高的內容通常很含糊，難以在腦中描繪出具體模樣。**

能否將模糊的抽象內容解釋的簡單明瞭，全都賭在有沒有辦法在對方腦中創造出具體的想像。

這時我們經常用到的，就是具體化（Embodiment）、範例（Example）、證據

（Evidence）**這3種方法。這3個E蘊含著能讓對方接受說明、在腦中勾勒出具體形貌的力量。**

那麼，我們就一一來看這3個E吧。

具體化 ～Embodiment～

「具體化」就是「將抽象的事物轉變成實際的型態。」

說得更簡單一點，具體化就是**將模糊不清的東西變成有辦法讓人浮現具體印象的狀態**（下圖）。

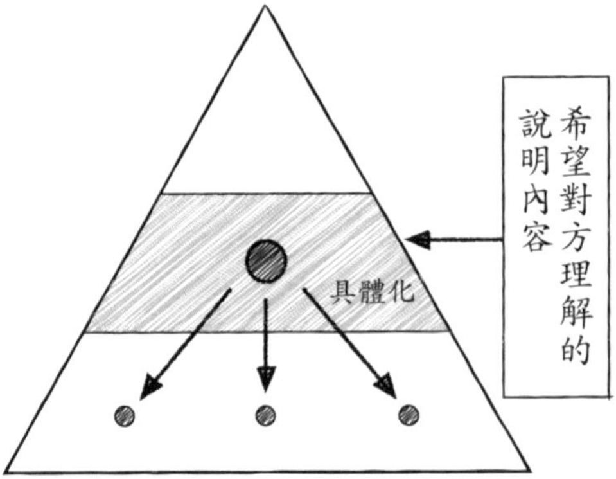

P148《Teaching for quality Learning at University》內提到的10個達成深度學習的方法之

中，項目⑤「運用於身邊的問題」就符合這裡提的具體化。

具體化的強項，在於**可以讓十分抽象的法則和規律等模糊內容在對方腦中產生具體想像，甚至是影像，大幅加快理解的速度**。

打個比方，假設你希望對方充分理解「質量守恆定律」。

這是國中理化會教的東西，你還記得嗎？

質量守恆定律是一種非常抽象的科學定律。

「化學變化前後，物質的質量總和不變。」這樣解釋質量守恆定律，會覺得簡單的人恐怕屈指可數吧。

那麼，我們用實際存在的東西來具體化質量守恆定律試看看。

舉個例子，我們來進行一項實驗，在密封瓶內燃燒鎂Mg。假設密封的瓶子和鎂Mg的重量總計是100g，那麼點燃瓶內的鎂Mg（次頁圖），待完全燒盡後再測量瓶子的重量，結果照理說應該還是100g。

換句話說，我們因此確認就算鎂Mg燃燒後變成別的東西，密封瓶內的重量還是不會改變。

有一定涵養的讀者可能會覺得「這不是理所當然的事情嗎？」

可是，**剛開始學習非常抽象的法則時，如果不具體化說明，我們的確會很難產生感覺，也沒辦法心服口服。**

可能有些人體驗過這項實驗，實驗中，瓶內的鎂會發出非常強烈的光，最後化為乾燥的白色灰燼。

明明外觀產生這麼巨大的變化，瓶內的重量卻完全沒有改變。沒想到這種現象會讓孩子們心生好奇：「怎麼會這樣？」

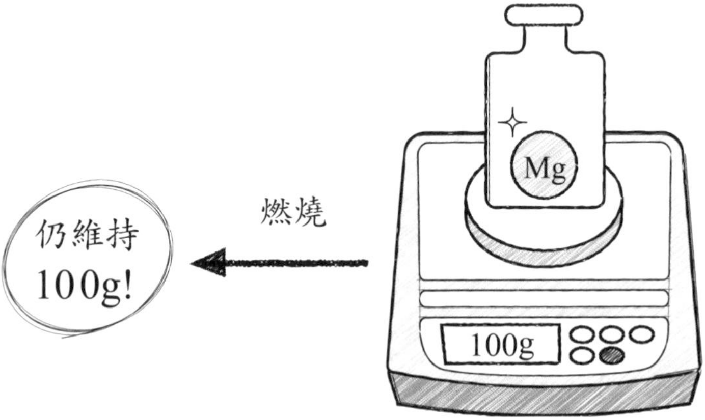

像這樣**用實際存在的東西具體說明，就能充分讓對方理解原理和法則這些抽象的內容**。

另外，說到具體化的應用，有一種叫做演繹法的東西。可能不是太熟悉的字眼就是了。

演繹的意思是「從一般性、普遍性的法則和事實推測個別事例、導出結論。」這是和第6課講過的歸納法完全相反的概念。說得簡單一些，演繹法就是「代入既定原理和法則來推論出具體結論」的技巧。

我們用「孟德爾遺傳法則」的例子來說明說明。

「孟德爾遺傳法則」是關於遺傳的一項科學定律，不知道大家有沒聽過？這是國中和高中的生物課程中非常吃重的一項科學法則。

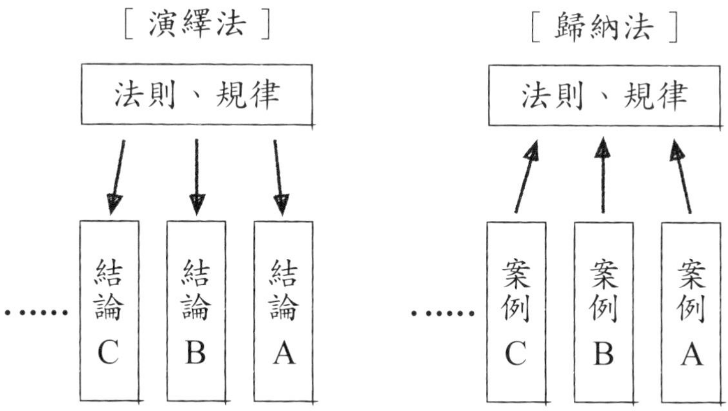

孟德爾定律中有一項關於顯隱性的法則——「若個體具有2個不同的基因，則會顯現出其中一種性狀（性質與特徵）。」

我們將這種顯隱性的法則套用到ABO血型上思考看看。

首先，各種血型的基因配對如同下表。

這裡有項前提，基因A和B跟基因O相比之下為顯性（較容易顯現性狀）基因。

據說（網路上查到的資料，可信度有待商榷）繪製蒙娜麗莎的知名藝術家李奧納多 達文西的血型是AB型（基因組合AB），古代日本將軍源賴朝的夫人北条政子的血型為O型（基因組合OO）。

假設達文西和北条政子之間有了孩子，孩子的血型會是什麼呢？

血型	基因配對
A 型	AA或AO
B 型	BB或BO
O 型	只有OO
AB 型	只有AB

我們用孟德爾的「顯隱性法則」來預測。請看左頁圖，小孩的血型是A型或B型的機率各有50％。

換句話說，如果達文西和北条政子的孩子出生，就機率上來看血型不是A型就是B型。

這種套用某項法則來預測結果的方式，就是演繹法。

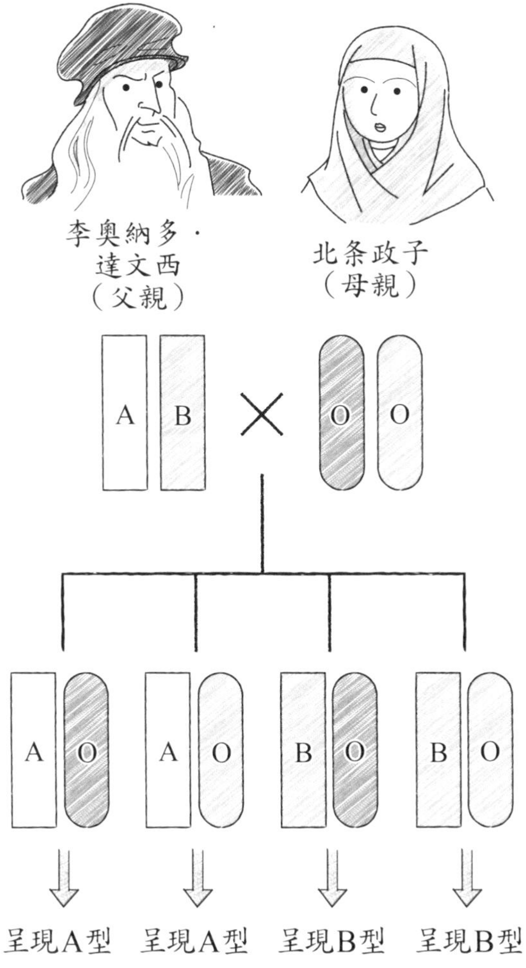

這裡的重點是，**使用演繹法，套用「孟德爾遺傳法則」就能夠預測現在還見不到的孩子會是什麼血型。**

而且，**一旦對方確認了演繹法預測的結論和現實的結果一致，他對於抽象的法則和規律就能達到更深一層的理解。**

範例　～Example～

再來要講的是「範例（Example）」。範例就是「過去發生的事實（先例）或各種情況的實例。」

「例如說……」

「如果講到實際發生過的例子……」

像這樣在說明過程中加入現實上發生過的事情。

這跟具體化一樣，是種幫助對方在腦中創造具體形象的絕佳手段。

比方說我們要來說明「弗萊明左手定則」。

這是國中和高中會學到的物理法則。

電流受到來自磁場的力量方向，會和電流與磁場的方向垂直，因此我們用左手中指代表電流方向、食指代表磁場方向、大拇指代表力量的方向（下圖）。

這裡我們要來介紹一下利用了弗萊明左手定則的範例。

【說明範例】

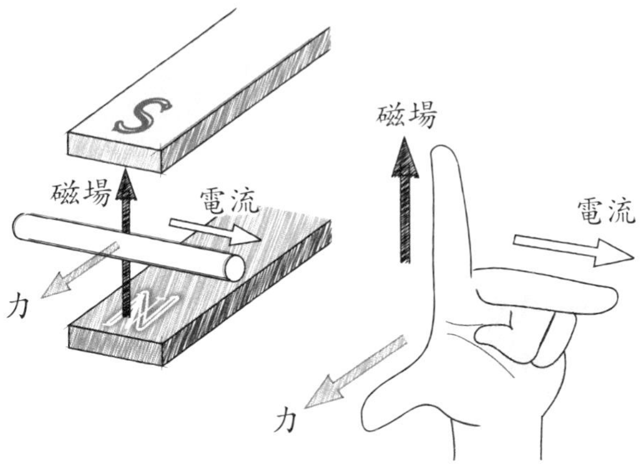

運用弗萊明左手定則的代表例子，其實就是馬達。

馬達是利用磁場產生的力來讓線圈迴轉，藉以產生動力的裝置（下圖）。

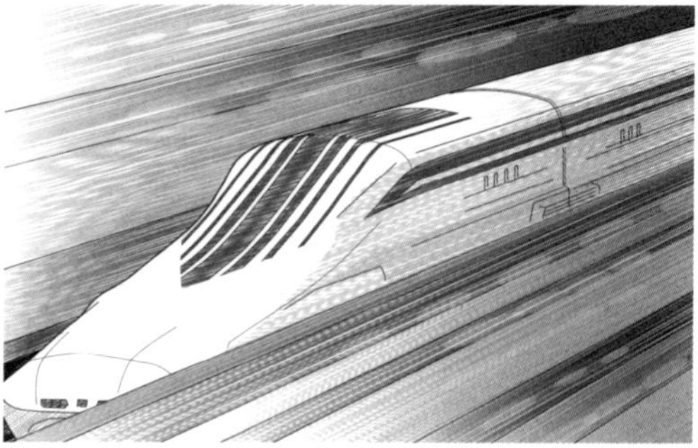

而更進一步將馬達的機制最大限度活用的範例，就是磁浮列車了。

磁浮列車是利用磁產生的力讓車體漂浮、前進（為了產生較大動力，實際上是用電磁鐵來取代線圈）。

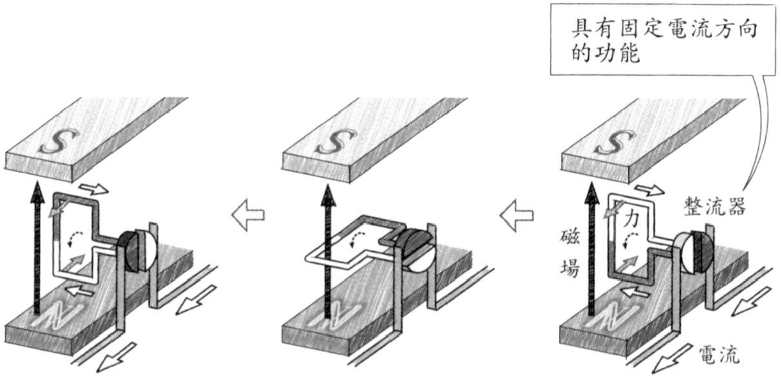

由於有整流器，電流可以持續往同一方向流動。

電流瞬間停止，但線圈因為慣性（物體維持運動的性質）繼續旋轉。

流經線圈的電流受到磁場的力作用，推動線圈旋轉。

像這樣，**為了讓對方清楚理解含糊不清的內容，舉例說明現實世界中有哪些實際運用的範例十分有效。**

證據 ～Evidence～

3個E的最後一個，「證據（Evidence）」。

證據就是「確實能夠證明的事實」。

也是我們平常說的「Evidence」。

「這就是證據！」「我有證據！」

這些句子常常出現在推理小說和現實法庭上對吧？證實不在場證明和凶器等犯罪事實的資料就是證據。「證據」厲害的地方就是他的「力量」，用在說明時，說服力可不是蓋的。

「的確就是那樣沒錯！」

「如果對方把那個東西拿出來，我就百口莫辯了……」

在表現說明內容「千真萬確」上十二萬分有力，這就是「證據」。

要說為什麼，**因為證據就是任誰來看都是同樣結果的客觀事實**。

比方說前幾頁出現的「質量守恆定律」，使用電子秤測量，點燃瓶內的鎂後，電子秤測出的數字也不會改變。有了這項事實，那麼實驗的結果就成了證明質量守恆定律的有力證據。

如果你希望對方徹底了解某件事情，平常就要留意在腦中儲存一些能證明那件事情的「鐵證」。這件事情非常重要。

順帶一提，**我存在腦中的鐵證只會是第一手資料**。所謂的第一手資料是指「沒有加工過的原始資料」。由於這種資料未經添油加醋，作為證據時的價值反而很高。

我會特別去收藏下面2種第一手資料。

①公家機關釋出的資料（尤其是數值）

②自己的親身經歷和現場的資料

我常常會援引信賴度高的公家機關資料，特別是附帶數值的資料。因為工作緣故，我需要頻繁調查文部科學省和厚生勞動省等行政機關網頁上的人口普查等資料。

雖然經過「國家」這個篩選環節，但這種**公家機關的第一手資料作為證據來說具有充分客觀性和可信度，我認為還算得上是有品質保證**。

另外，我也很重視②的「自己的親身經歷和現場的資料」。

要說為什麼，因為**現場發生的事情絕對是真的**。雖然需要注意該怎麼解釋事實，但對至今在教育上一貫採現場主義、身體力行的我來說，自己在教育現場經驗的事實可是非常重要的證據。

請各位也一定要好好蒐集自己親身經歷的真實資料，因為這會成為你說明上重要的「證據」。

另外，沒有必要在1次說明中把3個E全部加入。

如果在1次說明中把3個E全部加入反而會造成資料量過於龐大，說明脹得鼓鼓的。

因此，優先求對方理解的情況下，就把3個E的其中1個加進說明，配合對方能消化的資訊量和時間再適度增減。

好了，下一課終於要進入「IKPOLET法」的最後步驟——「轉移（Transfer）」。

速效金句

- 「具體來說……」
- 「例如說……」
- 「……就是明明白白的證據。」

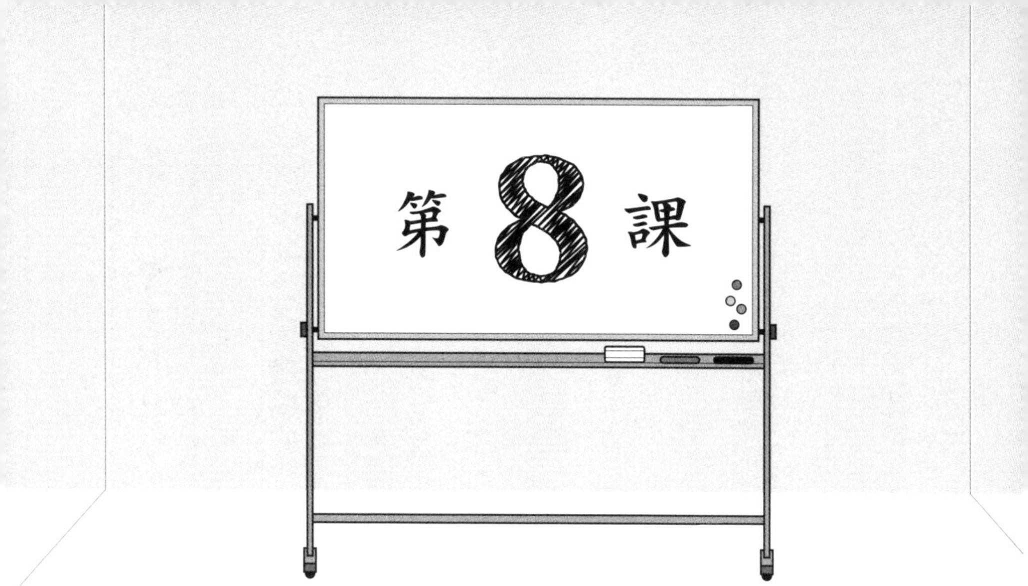

有效說明的黃金公式「T」

Step 7 轉移（Transfer）

「其實這個想法，也可以用在這邊喔。」

不覺得聽到這種話有種賺到的感覺嗎？

我們學過的「1」可以用在其他地方，換句話說，**當我們獲得了「1」，就會衍伸出「2」、「3」**。也就是所謂的「舉一反三」了。

這種說明就聽的人來說，可以省下重新理解的麻煩，簡直求之不得。

本課將要談談把這種要素加進說明說明的技術。

而這項技術，就是「有效說明的黃金公式」最後的Step7「轉移（Transfer）」。

轉移是指「曾經學過的東西，對後來學到的東西產生影響。」換句話說，**可以做到轉移，就代表習得知識和概念可以在不同情況下運用得宜**。

換個角度想，如果對方在完全不同的情況下有辦法運用你說明的內容，那就可以說你的說明引發了對方的轉移。

我認為**引發轉移行為就是有效說明的最終階段**。

之所以這麼說，是因為一個人對另一個人說明的次數是有限的。時間並非無限。

也就是說，**盡可能用少量的說明讓對方了解更多事情，這在資訊爆炸的現代來說可以發揮莫大的價值**。

但也不用想得這麼複雜，講單純一點，如果你透過1次說明就讓對方充分理解內容，而他還可以應用在其他情況上的話，不覺得省下不少說明的痲煩了嗎？

不管是對說明方還是對聽者來說，有辦法進行轉移的說明都是最理想的。

在補習班，講師也會在上課內容中多花點心思，盡量讓學生有辦法進行「解題技巧」的轉移。我在課堂跟拙作的說明上最重視的事情，其實就是這項轉移的動作。

因為課堂上示範過的題目，在正式考試碰到時可不會長得一模一樣，但解題技巧卻幾乎可以直接套用。

也就是說，**在教導學生準備大考時，課堂上的問題解說不能只是讓學生聽懂，還必須讓學生學會將解題技巧應用到類題，即再現性以及泛用性。**

我自己在解說完1個問題後，通常會教學生最少要會解10題類題。簡直就是「舉一反十」。我認為這就是有效說明所達到的最終階段。

此外，第148頁《Teaching for quality Learning at University》中提到的項目②「應用於延伸問題」就符合這裡提的轉移。

那麼，我們就先從轉移的運作機制開始看看吧。

轉移是怎麼發生的

其實，有多學術研究都跟轉移有關。

不過我們這邊先不談太過瑣碎的事情，大概說明一下轉移發生的過程就好。

轉移進行時有以下2步驟。

Step1 將要說明的新資訊以及對方具備的知識抽象化

Step2 將抽象化後的東西，具體應用在其他情況上

最一開始的步驟，是將你要說明的新資訊和對方具備的知識抽象化。再來將這些知識和理解具體應用在其他的狀況上。

感覺就像是往金字塔的上面一個等級（階級）晉升後，再回到原本的等級（或是更下面的等級）（下圖）。

聽起來是不是有點複雜？我們來看看實際的例子。

比方說，我們舉商務場合中代表性的雜務——「資

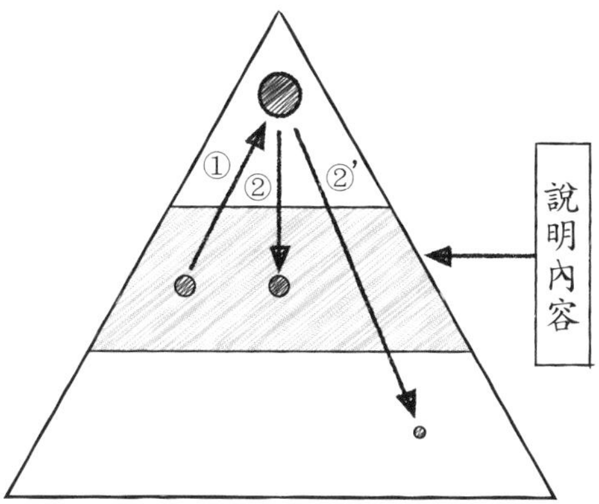

料影印後發放」，用這項行為來思考看看轉移。

首先，把「資料影印後發放」這項樸實的活動抽象化後，可以想成「複製資訊並與他人共享」。

如果把「複製資訊並與他人共享」想做影印資料的目的（抽象化），那同公司的成員之間其實也可以透過網路上的Dropbox和Google工作單來分享資訊，以各自的網路終端來查閱（具體化）。

這就是轉移。

轉移的價值何在？

我們再多聊聊開頭提到的「解題技巧」，也就是「解決問題的能力」的轉移。

前面提到的「解題技巧」轉移，是以在我教的化學科中發生為目的。這種在小範圍內發生的轉移，我稱之為「近轉移」。

至於另一種橫跨大範圍轉移的情況，我則稱「遠轉移」。老實說，我認為**「遠轉移」具有更大的價值**。之所以這麼說，是因為「遠轉移」不僅可以跨科發生，甚至可以應用在日常生活以及商務場合上。

我們以剛才提過的「資料影印後發放」為例，來思考看看轉移的遠近問題。

前面的那種商務場合可以做到比較近的轉移，那我們現在試試看把這些東西轉移到家人之間的私領域上。

比方說從「複製資訊並與他人共享」的抽象化概念發想，創立一個全家人的ＬＩＮＥ群組。然後在裡面的記事本功能中打上家裡缺乏的東西，例如食材，然後誰發現什麼不夠的時候就再加上去。有辦法幫忙購買的家人就補買那些東西，買好後再把記事本上的該物刪除——假如能連結到這種行動，家裡的事情處理起來想必就能提高效率。

如果有辦法深度理解「資料影印後發放」這項行為，就可以轉移到意想不到的情況上。「因資訊共享而提高效率」不光是在商務場合能提高產能，運用在私領域上時也能讓「資料影印後發放」的行為價值翻漲。

也稍微來講講念書的例子好了。打個比方，說到我高中準備大考時的經驗，「閱讀測驗」就是一個很好的轉移範例。當時身為考生的我，英文非常之差，尤其是長篇閱讀測驗根本就拿不到分數。所以我分配不少讀書時間在英文長篇閱讀上。

畢竟也砸了這麼多時間，英文閱讀測驗的訣竅還是多少有所掌握，模擬考的成績也慢慢好轉。

至於只有大考中心考試才有的現代文章閱讀卻一直被我往後延。因為這一科只有大考中心的考試會考，所以我一直都提不起勁來讀這科。

可是不知道為什麼，現代文章閱讀的成績卻一直在提升。

我甚至還瞬間閃過一個錯覺——

「難不成我是現代文學的天才？也許現在是轉文組的好時機？該不會我就是未來的

芥川龍之介吧？」

並沒有。只不過是在念英文閱讀時學會的解讀技巧下意識轉移到現代文閱讀上而已。這件事情我有跟現代文和英文的講師確認過了。

大學考試裡頭出現的文章，不管是英文還是現代日文（特別是論說文），文章中都存在「二元對立」結構，或是「從抽象理論轉換成具體例子」的固定規則。

那麼兩科的文章解讀技巧自然相仿。我認為這就是跨科轉移的一項好例子。

善用轉移，可以不斷提升學習的價值。

轉移的擴張性

老實說，轉移還潛藏著無垠的可能性。

我們用「模型」和「設計」2個主題來探討轉移。

首先從「模型」開始說。模型轉移有一個實例可以想想：「從理化實驗轉移到企業業務狀況改善」。看起來好像沒什麼關聯，不過這可以做到非常有趣的轉移。

理化實驗一般是依照「規劃實驗（建立假說）→進行實驗→驗證假說→修正假說」的循環進行。

不覺得好像在哪裡看過這個循環流程嗎？沒錯，跟企業為了順利改善業務狀況時所使用的PDCA循環幾乎長得一模一樣。

怕有人不知道，我簡單說明一下，PDCA循環是一種改善業務狀況的手段，由「計畫（Plan）→執行（Do）→查核（Check）→改善行

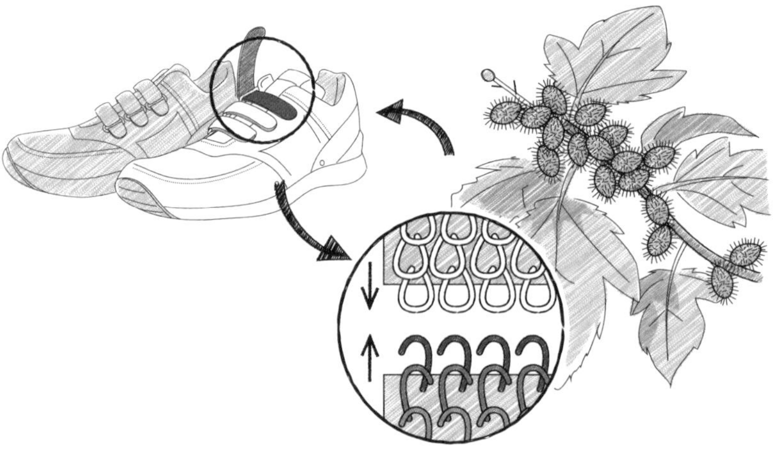

動（Action）」四個英文字的開頭字母組成。

換句話說，對學校理化課的理解已經到達有辦法進行轉移程度的人，出了社會也不用特別去學PDCA循環，自然就會了。

用轉移的角度來看，理化實驗跟企業的業務狀況改善其實意思是相通的。

接下來介紹「設計」的轉移。

設計轉移有一個具體例子，就是將生物的生理構造應用在商品開發的技術（稱作仿生技術，或稱Nature Technology）。

這是一門轉移生物天生的生理構造和功能的技術。

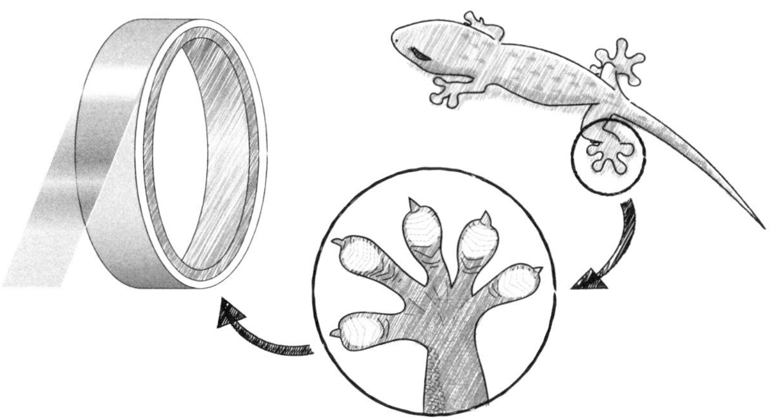

如果要舉一些比較有名的例子，那就是鞋子上的魔鬼氈了。這是自羊帶來果實的刺轉移而開發出的產品。

魔鬼氈的原理是模仿其果實上刺前端的彎曲狀做出倒勾纖維，再跟環狀纖維勾住（198頁圖）。

這種設計轉移的發明還多的很。

壁虎可以攀爬在光滑的玻璃上。人們解析壁虎腳底的構造，開發出一種黏性非常強的膠帶（前頁圖）。

其他像是廟會和演唱會會場常見的螢光棒，則是模仿了螢火蟲屁股發光的原理（化學反應）（下圖）。

如同前面舉的例子，**倘若能將所學知識和理解的事情妥善轉移，就可以得到許多原先意想不到的**

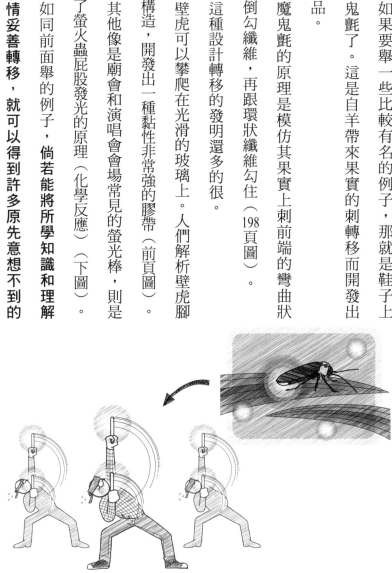

新點子和創意。

這就是所謂的創造力。那麼，為了做到促使轉移發生的說明，說明方要在什麼地方特別用心才好呢？

什麼是促進轉移發生的說明？

就目前所談，**想要在說明中引發轉移，說明方必須具備淵博的涵養。**

特別是**高價值的「遠轉移」，要不必須從其他領域牽引過來、要不必須推移到其他領域。**因此，說明方也必須對其他領域有一定程度的了解。

不過如果想早早把轉移塞進你的說明的話，有一個立竿見影的方法。

那就是第4課提到的東西，從目的和手段的角度，將自己的專業領域和現在進行的工作內容體系化成金字塔般的構造。將自己的專業領域和工作內容進行體系化應該不會花上太多時間才對。

特別是當下手上的工作非常具體，只需要再把它抽象化就好。這麼一來就能將資訊儲存成容易轉移的狀態了。

以我自己的狀況來舉例，我工作的目的是「讓學生考上大學」。為此我能做的事情之一是「讓學生具備化學科的得分能力。」而為了達成這項目的，我必須「進行淺顯易懂的說明」，也必須「讓自己學會正確的教學方法」。利用這種「為達某種目的」的思考方式，一層層往金字塔頂端爬。

然後再思考看看，這些經過抽象化的能力和技術能不能轉移到其他領域。

雖然也是老王賣瓜，不過我長年待在補習界，練就了一身「淺顯易懂說明力」，所以有辦法將這些體會化作言語、變成一門技術，轉移成這本書的公式。

做到這件事情後，**自己的專門領域和負責工作的階層構造得以可視化，我們就能更輕鬆在金字塔中來去自如了。**

而當這來回的距離逐漸加寬，轉移創造的價值就會隨之提高。

不管是類似的領域還是其他領域，只要金字塔構造本身相似，那就能套用進你自己培養出的金字塔，來回移動。

這麼一來就能夠在短時間內提升加入轉移的說明能力了。

將轉移一點點加入說明，包含你自己經歷過的，對方就能漸漸想像出轉移是怎麼一回事了。

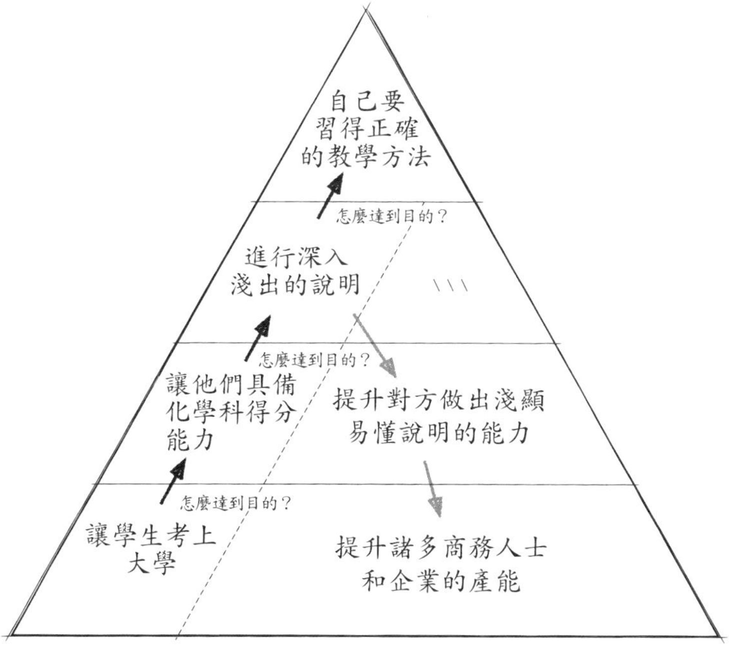

自己要習得正確的教學方法
怎麼達到目的？
進行深入淺出的說明
怎麼達到目的？
讓他們具備化學科得分能力
提升對方做出淺顯易懂說明的能力
怎麼達到目的？
讓學生考上大學
提升諸多商務人士和企業的產能

假如你在說明時發現明顯可以進行轉移的情況——

「那個時候說明〇〇的這個想法，其實也可以用在這邊。」

請利用這樣的措辭，表現出轉移的可行性。

用前面的PDCA來打比方的話，我在自己的課上會——

「像這樣基於假說建立實驗計畫，並進行驗證、建立新假說的化學實驗循環，等你們出社會後其實用到的頻率非常高。你們會需要紮實驗證自己提出的企劃假設，並延續到下一次的新企劃。化學實驗循環在這種業務改善上非常有用喔。」

像這樣，不論對方有沒有辦法馬上進行轉移，**說明方事先說明什麼樣的情況可以使**

用都十分重要。

IKPOLET法是實務知識和理論知識的結晶

第2課到第8課，我們學習了IKPOLET法。

雖然一而再再而三地重複，我希望各位明白「讓對方充分了解的說明是存在一種『公式』的」。

說明不能只是說明，而是要能讓對方充分理解才會具有偌大的價值，而這種說明是具有一種「公式」的。

這麼理所當然的事情，在我翻閱無數學術研究論文和專業書籍並於教育現場實踐之後才終於明白。

我最近常感到懊悔，懊悔要是自己能早點明白的話就好了……。

不過任何人不管幾歲、從事什麼工作，都有辦法做到讓人聽明白的說明。

而當你學會這項能力，眼前的聽者也會一直成長茁壯。不覺得這樣感覺很教人雀躍不已嗎？

那麼，我們終於要進入最後一課了。最後一課是追求更高境界的人必讀的「聰明人才具備的3項奧義」。

速效金句

- 「如果把這個概念套用在●●上的話呢……」
- 「那個時候解釋過●●的概念，其實也可以用在這裡喔。」

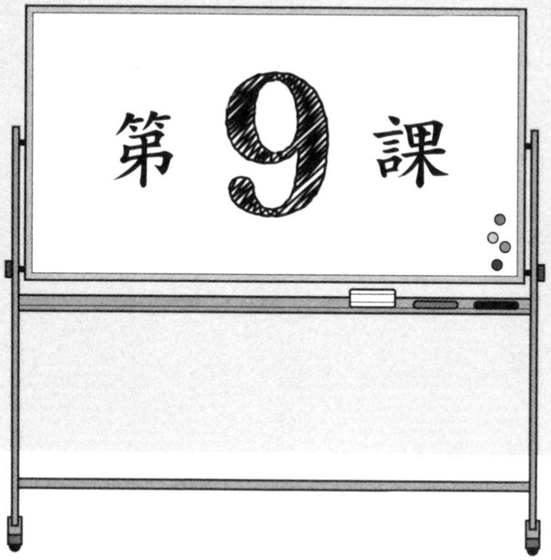

聰明人才具備的3項奧義

專家使用的說明奧義

本課要來介紹實行有效說明的聰明人所具備的秘密招式——「3項奧義」。

這裡介紹的奧義指的是實踐「讓人學會困難內容的說明」的人，也就是資深教師和老練的專業講師這些以教導為生的人所具備的技術。

請把本課的內容想作前面第2課～第8課所學之IKPOLET法的應用篇。

這3項奧義，具體來說如下面所列出的——

奧義1　逆向設計（backward design）

奧義2　卸除心防

奧義3　比喻

這些例子中雖然包含一些高級技術和一點稍微過於極端的東西，但只要學會任何一種，肯定都能讓你目前的說明能力更上一層樓。

如果有人覺得：「對我來說好像還太早了……」，使用IKPOLET法其實就可以達到非常有價值的說明，所以請優先將第8課以前的內容紮紮實實學好來。

當你覺得自己已經學到足夠的程度後，我希望你也讀讀看這一課。

那麼，接下來就一一談談3項奧義吧。

奧義1　～逆向設計（backward design）～

說明有辦法做到讓對方徹底聽明白的人，都十分善於設計說明方式。這裡的設計是指哪件事情要放在哪個順序說的設計圖。

「先講○○，再講××……最後再這樣做總結。」

——有能的人，這種設計能力都很傑出。

這時設計說明的竅門，都是要從終點逆推回來。**「希望對方怎麼樣」是結果，也就是說明後的終點，設計說明方式要從這裡往回逆推**，即所謂的「成果焦點型」說明。我們稱這種方法為逆向設計（backward design）。

逆向設計的說明要領，是從美國紐澤西州一團體「真正的教育（Authentic Education）」的理事長格蘭特·威金斯（Grant Wiggins），以及馬里蘭評議委員會（Maryland Assessment Group）的會長傑·麥格提（Jay McTighe）身上得到的靈感。

解釋得更詳細一點，就是先弄清楚「我們希望聽者學會怎樣的能力」，再從那裡逆推回來，決定說明內容和說話順序。

要先設想當對方深深了解內容後，他學到什麼樣的能力才算是最好的狀態，再去思考說明程序。重要的是，必須徹底想清楚說明前後，對方會產生怎麼樣的變化。

教學生準備大考時，聽者角度的學生最優先的事情，還是有沒有學會解決考題的能力。我們要讓學生燦爛開懷地笑著告訴我們「我考上第一志願了！」

為了見到學生的這份笑容，必要條件是我的說明有幫助學生提高答題能力。

無論說話者打算講述程度多高的內容，如果沒有辦法在對方腦中建立新的知識結構，那說明就分文不值。有價值的說明，必須讓對方產生名為「學習」的變化。

讓對方充分理解的說明，說有9成取決於設計也不為過。

另外，剩下的1成則是說明時配合對方的狀況隨機應變、更動說明設計的創意。關於創意這項能力，很遺憾我認為只有辦法靠實際的經驗累積培養出來。

這在教師教育學中屬於「即興性」的一種。

創意的意思，絕對不會誕生於毫無準備、只抱著「總有辦法搞定」的心態去應付場子的情況，請務必用心設計每一次的說明。

奧義2 ～卸除心防～

「這個技巧，只要稍加訓練馬上就能學會了！」

聽到別人這麼說，不覺得會讓有種「好像真的做得到喔！」的想法嗎？

像這種破除對方心理障礙的技巧就是「卸除心防」。

善於說明的人，都很擅長卸除對方的心防（破壞心理障礙）。

卸下對方心防後再進行說明，跟沒有卸除心防的情況拿來比較的話，對方的反應和理解程度、甚至整個氛圍都會煥然一新。

具體來說，要做的有下面2件事情。

①降低對方的心理障礙

②不要否定對方

首先，①「降低對方的心理障礙」的重點在於讓對方覺得「自己好像也做得到！」**比如說，提出跟對方境遇類似的人的成功經驗，或是分解事情的順序（這稱作Small Step原理）**等。這麼一來，對方的心理障礙會大幅下降，**萌生「我好像也做得到！」的意識。**

舉我自己的例子，我會對東京大學衝刺班的學生這麼說——

> 「去年我班上的A同學，一直到了高三還不念書，高三那年四月的模擬考學力偏差值只在45左右。可是那之後他奮發圖強，依照我現在要教給你們的學習方法用功讀書。他原本成績被分在最爛的等級E，但卻一次就考上東大了喔。所以能不能考上東大和你們現在的學力無關，如果你們還覺得現在的成績沒辦法考上東大，趕快丟掉這個先入為主的偏見！」

這可不是在妖言惑眾。

事實上，採取正確的學習方法，並使用適當的教材，維持必要的學習時間，人的學力一定會有所提升。如果有計畫地學習，考上東大也不是問題。這是我目前教過的學生所證明的事情。

只要對學生說這樣的話，就算是原先對自己沒自信的學生，也會產生「搞不好連我都有辦法報考東大喔」、「我好像也有辦法考上那間大學耶」的想法，後續的說明也更容易聽進去。

接著要談②「不要否定對方」。

意思就是**盡量不要說出**「你的想法錯了」、「怎麼可以不知道這件事」這種**否定對方的言論**。尤其當自己和對方之間還沒建立穩固的信賴關係時更該注意。不要說明前沒事在對方心中埋下戒心和抗拒的種子，那可真的會賠到脫褲子。

當然，實際上這些事情也要視說明對象的個性而定，也會需要因不同狀況多少調整。

但是，**不會有人聽說明時一直被否定還會覺得開心的。**

以前我們曾經對學生做過課程感想的問卷調查，對我的評語包含「太會唸人」、「過度把自己的想法強加在學生身上」、「老師講話很嚴厲，心好累」等等。

我原本也沒有這個打算，**但追根究底，說明這件事的價值，取決於是怎麼樣讓人接受的。**

有了這些教訓，我為了卸下學生的心防，決定從頭檢視自己的用字遣詞，慢慢改變。

比方說把「你的想法錯了」改成「你的想法也有道理」，把「怎麼可以不知道這件事」改成「如果不知道，那現在知道就好了」。

像這樣**在一些小細節多用點心，就能穩住對方自我肯定的感覺。**

奧義3　～比喻～

我非常喜歡一句話：「精通比喻的人，近乎知曉世界萬物。」

比喻是讓理解速度越來愈快的祕密武器。

我可以拍胸膛跟各位保證，熟練運用比喻的能力（以下作比喻力）可謂有效說明技巧中最優越的奧義。

而實際上善於說明的人，都具備非常強的比喻力。

前陣子我出席了Link And Motivation公司董事長小笹芳央的演講，講題是有關「Motivation Engineering」這個我不熟悉的概念。

然而講者使用「Motivation（動機）特性的殺球和接球」、「組織的血流」、「抽象的梯子」等許多比喻來進行說明，我非常佩服他解釋得如此簡單易懂。

本來比喻的意思就是「為了讓說明更好懂，利用類似的例子和形容來表現。」**比喻是讓高難度的內容變得容易理解的超強武器**。

甚至還有人將比喻本身拿來作為學術研究上的一項專題。而這邊我要從我的親身經歷中，挑出一些實際的案例來告訴大家比喻效果卓越的內涵。

另外，為了盡可能讓大家容易學會這項技巧，這裡將比喻拆成「喻」和「比」兩部分來說明。

本來，這兩件事情不是可以完全切割的，我們的優先要務是理解內容，所以決定刻意分開來講。

【喻】

本書的「喻」，指的並非文學作品中常見的藝術表現手法。

充其量只是為了讓對方深刻理解說明內容的表達技巧。

我常用的技巧有以下2個。

① 利用聽者非常可能擁有的知識來譬喻

② 擬人化

本書的「喻」，簡單來說就是**「從其他領域借東西過來」**。

「其他領域」請想成是對方已知的領域。

喻的目的是在對方腦中描繪出具體影像。人沒辦法想像出完全未知的事情，所以我們需要利用對方既有知識和理解範圍內的東西。

這邊的重點在第3課也講過，為了讓對方充分理解新的資訊（知識），說明方必須對聽者進行心理側寫，貼近對方已具備的知識及理解。

然而，如果心理側寫狀況不甚理想，或是有多位聽者的話就需要一些小撇步。

那麼我們就前面提到的①、②兩項技巧來舉些具體範例吧。

有關①，我常會用「動物」和「運動」。

只要不是太冷門的動物，**「動物」跟「運動」可是不分國界、全球通用的譬喻寶庫**。

比方說化學上常出現一種叫「硫酸」的物質。假設我們要說明硫酸在酸之中到底有多強，這時我們可以——

「硫酸的強度，就像動物界中獅子的地位喔。」

像這樣表達，是不是就能想像硫酸有多強呢？各位應該也知道，在酸的世界，硫酸幾乎可說是最強了。

另外，有一本暢銷書叫《金錢2．0（お金2.0）》（佐藤航陽著 幻冬舍），開頭就用棒球跟足球等運動來譬喻金錢觀點的變遷。

我也在課堂上——

「質量守恆定律和質量作用定律雖然在名稱上都有質量這個詞，但兩者之間的差別就像是棒球跟足球的不同。棒球和足球同樣都是球類運動，但規則完全不一樣對不對？一樣的意思，兩項法則雖然名稱相似，內容卻不見得類似。」

像這樣在說明中自然地加入運動的例子。

接下來要講②「擬人化」。

這項技巧**最棒的地方，在於能夠讓對方輕易同時想像出影像和故事。**

比方說，我現在要說明我大學時的研究專題——「酵素」。

可能有些人會因為電視上「酵素力」之類的廣告詞而聽過酵素這個東西。不瞞你說，我們體內產生的化學反應，可以說幾乎都是由酵素所掌控的。

人類的生命活動是靠酵素反應來維持，而酵素反應基本上都分成好幾個階段進行，這時反應整體的速度取決於速率決定步驟（最慢的反應）。

如果像這樣說明，恐怕大多數人都不是很能理解酵素反應的「速率決定步驟」是什麼東西吧。所以我們要使用擬人化來解釋，讓「速率決定步驟」的意思充分傳達給對方。

【說明範例】

「你、爸爸、媽媽、奶奶4個人一起散步時，每個家人行走的速度都會以奶奶的步調為準對吧？而速率決定步驟就等同於這種狀況下的奶奶。」

4個人之中，照理來講奶奶的走路速度會最慢，那麼全家人的散步速度就會自然變得跟奶奶一樣。像這樣決定整體速度的奶奶就是「速率決定步驟」。

還有，**擬人化有一個優點，就是比較容易加載故事性。而且透過加載故事性，事情更容易以情節記憶的型態留在長期記憶區。**

但**使用譬喻的時候，我會遵循「1個內容最多1項譬喻」的原則。**

過多譬喻有時反而會造成混亂。

好比說有次我要說明前面提到的硫酸，再加上醋裡頭的醋酸、胃酸的主要成分鹽酸等酸類的酸度強弱順序時，同時用了動畫七龍珠（賽亞人的戰鬥力）和遊戲勇者鬥惡龍（怪物等級）再加上AKB48（總選舉的結果）來比喻。

我原本想盡量讓多一點學生聽懂，所以加入各種比喻，結果只有知道這些東西的學生聽得懂，對其他人來說反而是多餘的。

說明加入聽者幾乎全員都知道的1項譬喻，就能有效率地讓對方理解內容。我建議大家將比喻集中放在一定要對方明白的主題上就好。

為了將你的專業說明得淺顯易懂，重要的是磨練出1項招牌譬喻。

像我自己教導的「化學」，在面對剛開始學習的高一同學我會——

「化學就是小粒子之間相遇與離別的愛情故事。」

像這種感覺打比方（這還姑且算是擬人化）。

就算是自己覺得沒有新意的表現方式，對方也意外地會感到期待並理解你說的話。

【比】

最後要來看看「比」。

我將這個「比」細分成3個等級來看。

Level 1 基本篇

這項說明的基礎想法是——**人沒有判斷基準的話就無法理解事情。**

比方說以這本書的重量為例，「這本書很輕，很方便帶著走喔。」就算這樣說明，輕重的感覺還是會因為聽者的年齡、性別而有所不同。就算對大人來說很輕，兒童可能會覺得很重。

人類這種生物比起「絕對」，更容易理解「相對」的事物。

「相對」是一種和其他東西比較的概念，比方說「這本書比字典還輕，比漫畫還重。」

對方必須要透過和某種東西作比較才能理解事物。所以，**說明需要標示出基準點**。

當然也可以像「這本書重２５０ｇ」這樣利用數值來說明，**但還是利用De Facto Standard（事實標準）來當作基準點會比較有效果**。

好比對本書讀者來說的事實標準，大概就是精裝和隨身本這種書籍不同開本的重量了。

所以說明時——

> 「這本書比精裝的書還輕、但比隨身本重。」

像這樣的話，不需用到數字也可以想像出這本書的重量。

重要的是，我們要**利用對方清楚的事實標準來進行比較**。

另外，也有使用事實標準讓人對數值產生感覺的方法。

舉例來說，最近電視新聞上常報導的ＬＧＢＴ（女同性戀者、男同性戀者、雙性戀者、跨性別者的英文字彙開頭所組成的性少數族群總稱）比例，據稱在日本約佔總人口的７．６％（電通多樣性實驗室（電通ダイバーシティラボ，ＤＤＬ）於２０１５年的調查資料），這個數值和血型ＡＢ型的日本人佔總人口的比例幾乎一樣。

日本人約13人中有1人為ＬＧＢＴ，如果用ＡＢ型人的比例作為事實標準，聽者就很容易想像出ＬＧＢＴ的數量有多少。

再來，我們要來談說明「特例」時的狀況。這方面的話題，**先說明「普通」的狀況，就能凸顯出特例的特殊性。**

比方說，以日本出版界的例子來想想看。

我也有參與某些參考書的編纂，而在參考書類別上賣出４０００本算「普通」，賣到1萬本就可以稱得上暢銷書。因此，如果參考書賣出了10萬本，就是超級暢銷書了。

不過，雖然10萬本的銷售量在參考書上算是「特例」，在雜誌的分類上卻是常見的數字。也就是說，**如果不先把該領域「普通」的情況講清楚，對方對於「特例」的理解也會反應不太過來。**

Level 2 標準篇～改變尺寸感～

下一個等級是改變「尺寸感」的說明技巧。

這裡講的改變尺寸感，意思是把說明內容的長短、輕重、時間等性質變成對方容易理解的狀態。

改變尺寸感時有2條路，一是縮小、一是放大。而縮小下面又可以分成「壓縮」和「分割」，放大下面可以分成「擴張」、「聚集」2條路（下圖）。

我們先從尺寸縮小的「壓縮」來看起。

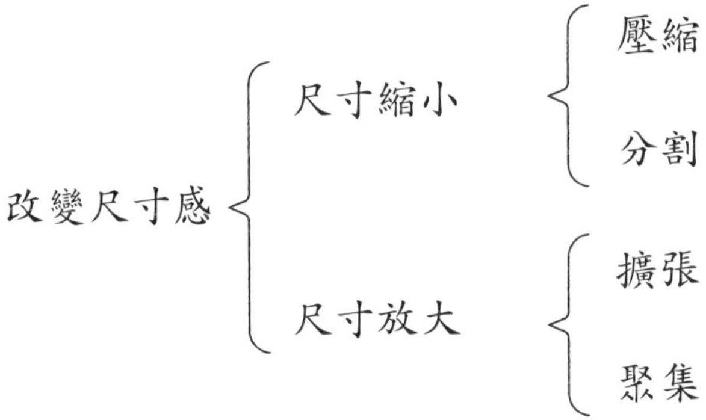

有一套書叫《真實的世界——如果世界是100人村》（MAGAZINE HOUSE），書中假設世界63億人口（當時）縮小成100人的村子，簡單明瞭地談論世界的現況。

比方說，這100人的村子裡有「30個小孩、70個大人，其中包含7個老年人。」如果直接把這種狀況表達成「19億人口是小孩、44億人口為大人，其中包含4億4000萬的老年人口。」我覺得就沒什麼感覺。

就是說，由於直接用「億人」來敘述的話我們很難實際體會數字大小，所以才透過壓縮成100人這種容易想像的數字來進行說明。

另外，壓縮成100人還有一個理由是這樣就能用百分比（%）來表示了。

再來我們談談「分割」。

比方說日本電視節目說明事情時，常常會用到東京巨蛋。雖然已經是用到爛的表現方法了，可是到現在還是有人會用。

比方說，與其用實際面積來表現寬闊土地，不如——

「這裡有○座東京巨蛋這麼大。」

像這樣子說明的話，就可以表現出有多「大」。

這是將1座東京巨蛋的面積（約0.047km^2）當作前面提過的事實標準所進行的說明。舉例來說，假設你要說明的場所面積為10km^2，為了讓對方有辦法想像，我們就用10÷0.047計算。

「計算出來差不多是200座（精準數字是213）東京巨蛋這麼大。」只要這樣說明，對方就很容易具體感覺出來。

姑且不論對方知不知道東京巨蛋到底有多大，只要能讓對方想：「東京巨蛋大概這麼大啊」，就已經充分達到事實標準的功用了。

像這種「宏觀（大）↓微觀（小）」的分割行為，可以讓說明變得相當易懂。

養成將難以感受的過大數值（宏觀），用某些東西（事實標準）來分割成小數值（微觀）的習慣，這點十分重要（下圖）。所以像面積的說明，我們就可以用東京巨蛋**當作除開的數值（分母），將整個說明內容轉變成事實標準。**

長得不得了的距離可以用繞行地球1圈（約4萬km）、和我們差不多的重量可以用成年男性1人（約65 kg）來作為事實標準。

請確實找出事實標準，讓它成為你的專業內容說明和對方之間的橋樑。

現在，我們要來看第2種方式——放大。

首先從「擴張」開始看起。**這在說明小到很難懂的內容時非常有效。**

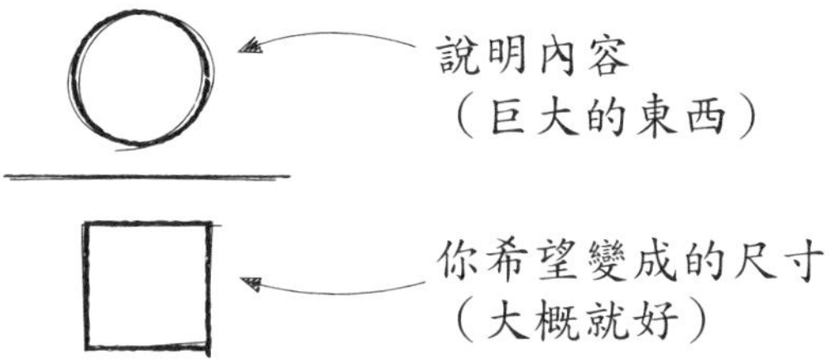

我平常在化學課上都會講到原子、分子這種很小很小的粒子，所以也會將原子和分子放大成乒乓球和棒球這種大小來進行說明。

舉例來說，我們要說明原子核和電子這些構成原子的粒子時——

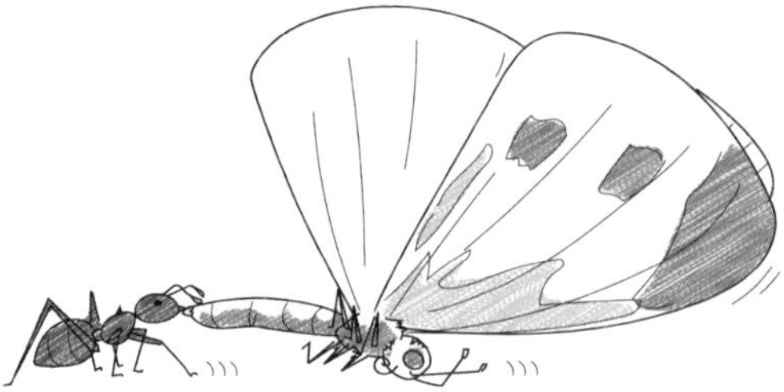

「電子繞行在原子核周圍，兩者之間的距離大概就像在東京巨蛋中央放一顆彈珠，然後電子繞著東京巨蛋周圍轉的感覺。所以原子的內部構造其實非常寬敞。」

像這樣，**把小得不得了的東西（原子）擴張成我們熟悉的大小（彈珠）來進行說明，聽者的腦中也容易想像出距離。**

這項「擴張」的技巧非常實用，我們再來看一些具體的例子。

好比說我們現在的說明主題是：「螞蟻的力氣到底有多大呢？」

老實說在昆蟲界，螞蟻的生態也稱得上饒富趣味。我對螞蟻產生興趣是在5歲左右的時候，有次我在家裡附近發現了一排螞蟻，一直盯著牠們看了好一陣子。

「他們要去哪裡？」「為什麼要排成一排？」我抱著這些疑問盯著這些螞蟻看時，赫然發現一隻螞蟻竟然搬運著比自己大上好幾倍的糧食（右頁圖）。

「這種生物的力氣也太大了吧！」這份感受我至今仍記得一清二楚。

如果螞蟻體型變得跟人一樣大，那到底會多有力呢？假設我們用下面的方式來說明螞蟻的力氣——

「獨角仙可以拉動自己體重20倍以上的重物，螞蟻的力氣也差不多喔（下圖）。」

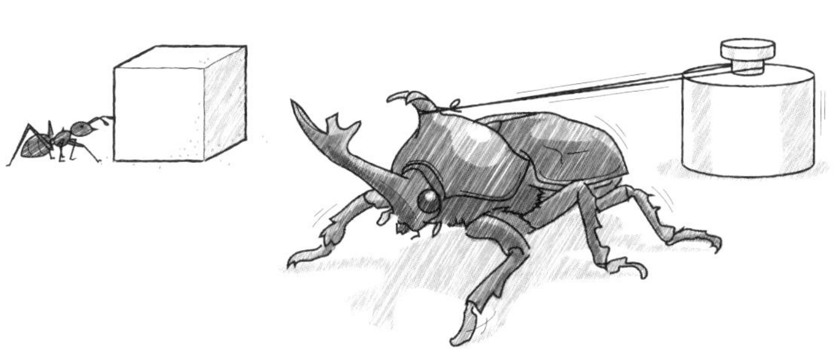

感覺怎麼樣？

就算說獨角仙在昆蟲中也算是大力士的代表，跟我們人類比起來還是遜色多了。

也就是說，想要瞭解螞蟻的力氣有多大，維持螞蟻本身大小跟其他昆蟲做比較的話還是不會有什麼感覺。**微觀世界的東西如果保持微觀世界的大小來進行比較是沒辦法讓人理解的。**

為了解決這個問題，我們有一招殺手鐧。那就是「擴張」。

我們要把所有的東西都拉大成人類大的比例再進行比較（如果需要也會進行「壓縮」）。例如體重5mg的螞蟻可以搬動自己體重20倍的方糖，就等於可以搬動5（mg）×20＝100（mg）＝0.1（g）的方糖。

如果換成體重60kg的成年男性，就等於可以搬動60（kg）×20

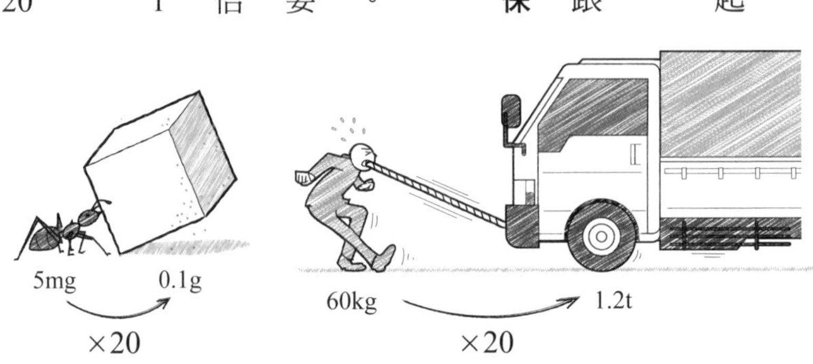

＝1200（kg）＝1.2（t）的東西。

我們也就可以說明：「體重5mg的螞蟻搬運0.1g方糖的力量，等同於體重60kg的人拖行1.2t卡車的力量。」（右頁圖）

當然對小學生來說的話，不見得會對1.2t重的卡車有感覺。

這時我們換成：「超市和便利商店有賣一種2L的寶特瓶水（2kg），螞蟻的力量就相當於人拉動600瓶大寶特瓶的力量喔。」這麼一來小學生比較起來也更容易產生感覺（下圖）。

嚴格來說，因為還有重力的平衡等問題，所以就算將螞蟻放大也沒辦法直接拿來跟人類做比較。

不過**這邊的重點是，將對象（螞蟻）的尺寸拉大（這裡的單位是重量）成人類的尺寸，再加上「20倍」這個具體的數值來進行說明。**

最後要講放大技法下的「聚集」。

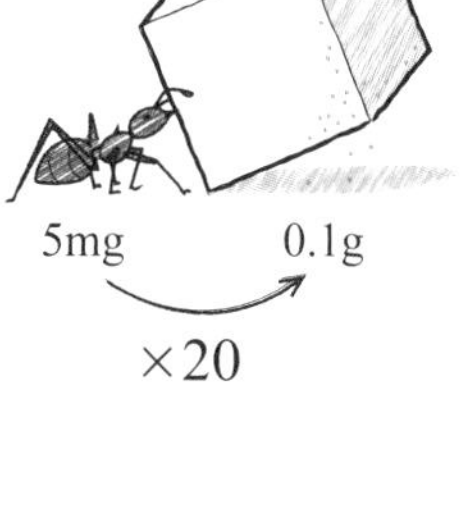

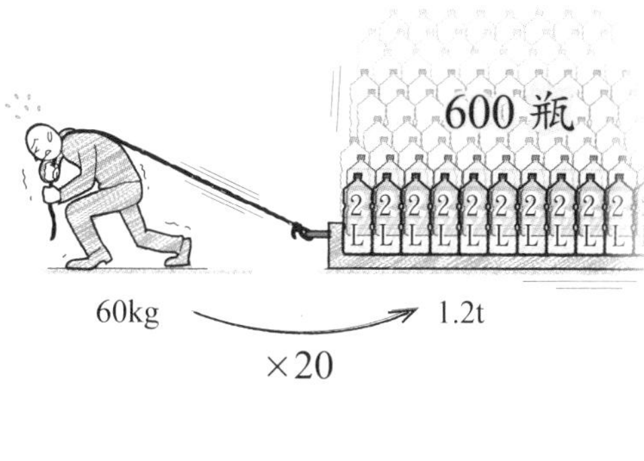

這和「分割」的「宏觀→微觀」方向完全相反，是透過「微觀→宏觀」的整合來幫助聽者想像。

說明深入淺出的人都有個特色，就是**希望對方充分理解「微觀」的事情時，會先想好整理成「宏觀」的狀態後再說明**。再不然就是**設計好希望對方充分理解的「宏觀」內容，再往「微觀」的方向趨近**。像經濟學就是很好的例子。

我雖然是靠自學，但也大致把經濟學看了一遍。我感受到的事情是，光是理解微觀的經濟學，也沒有辦法深入理解宏觀的經濟學。

本來以為如果說微觀的集合體是宏觀，那用微觀的理解去理解宏觀應該綽綽有餘才對，但看樣子還是需要不同角度的看法。宏觀經濟學上有些事情是無法從微觀經濟學預測的。老實說，類似的情況也存在於化學的世界。

我們假設這裡有某一種小粒子，當這種粒子化合成一大團東西時，也很常發生單一顆粒子時無法預料的事情。

舉個例子，二氧化碳CO_2分子集合在一起會形成乾冰，但乾冰有許多性質是就算一直觀察單一個CO_2分子也沒辦法搞懂的。

換句話說，**光靠表面上的理解是無法想像「微觀」事物集合成「宏觀」事物到底會發生什麼事的。**

如同人類社會在個人（微觀）和集團（宏觀）上必須用不同視角來去理解和解釋，當「微觀」變成「宏觀」，有時理解的觀點也會產生改變。

所以我們需要在說明中適度加入不同觀點。

Level 3 應用篇～改變軸心～

好了，我們終於來到最後一個階段了。最後階段我們要講的是「改變說明軸心」。

這裡講的軸心是「著眼點」的意思。假如有辦法在說明時同時調整這個著眼點和Level 2的尺寸感，對方就能夠更深入了解你的說明。如果能自在施展Level 3的技巧，不管說明內容有多複雜、不管對方具備的知識有多不足，都有辦法讓他們了解9成。

為什麼這麼說？**因為改變軸心和尺寸感的話，就一定有辦法在對方能理解的範圍內進行說明了。**

首先，我們來講講這個「軸心」和「尺寸感」的變更機制。下面的圖，我稱作「說明表現矩陣」。

橫軸是「說明的內容（物質or精神）」，縱軸是「說明的切入點（量or質）」。

我在說明事情時，會在腦中想像這個說明矩陣，決定表達方式。

我們試試看使用這張說明表現矩陣來解說高中化學。

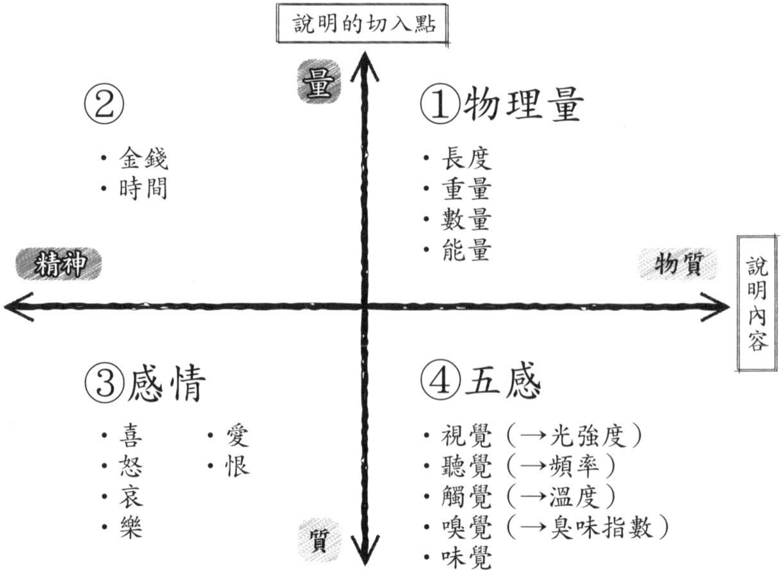

能讓原先不擅長化學的人達到深刻理解是一件令人備感榮幸的事。例如，我現在想讓學生徹底理解高中化學裡相對有名的概念：「莫耳（mol）」。我會照下面的步驟進行說明——

步驟1 **決定軸心**

⇩說明內容「莫耳」是一種有關物質「數量」的概念（也就是從象限①開始說明）。

步驟2 **選擇尺寸感，並依需要轉移軸心，串聯其他象限。**

⇩難以傳達印象時就用其他概念來說明。

照著這個步驟，「莫耳」就可以用以下的3種方式進行說明。

模式1 保留同象限（①）之中「數量」的概念，「壓縮」成日常生活中的尺寸來進行說明（僅變更尺寸感）。

【說明1】

1打＝12個，「打」是表現「個數」的集體單位。

一樣，

1莫耳＝6×10^{23}個，「莫耳」是表現「個數」的集體單位。

模式2 保留象限（①）之中「數量」的概念，「擴張」粒子的尺寸感（原子→米粒）。更進一步採取將距離縮小的「分割」，用同象限（①）中的「長度」概念來說明（僅變更尺寸感）。

【說明2】

只講「1莫耳＝6×10^{23}個」，我覺得感覺不太出來到底有多大。

所以我們來想想看將1莫耳（＝6×10^{23}個）的米粒從地表開始往上堆，最後會碰到哪裡。

我們用地球到太陽的距離（＝1億4960萬km）的2倍長，也就是來回一趟的距離跟米粒直徑（＝5mm）來算算看。

假設我們自地表開始堆疊米粒，疊到太陽後再從太陽表面疊回來，計算結果大約能夠往返100億次（算式如下）。

經過這項計算，是不是更容易感覺到1莫耳＝6×10^{23}個這項數字大得不得了呢？

題外話，我們周遭的物質都是由僅1億分之1cm大的原子和分子等粒子所組成的。因此，我們

【算式】

地球與太陽往返1次的距離為

149,600,000×2＝299,200,000km＝299,200,000,000m

＝299,200,000,000,000 mm

大約等於3×10^{14}mm。

再來，1莫耳（＝6×10^{23}個）米粒（直徑5mm）的長度總和為

6×10^{23}×5mm＝3×10^{24}mm

因此，我們知道這個數量的米粒可以往返地球和太陽的次數為

3×10^{24}÷3×10^{14}＝1×10^{10}次

（約等於10,000,000,000次往返）

周遭的物質都含有為數龐大的原子和分子。

比方說，100g左右的鐵杯中就約有1×10^{24}個鐵原子。

用這種方式去思考鐵原子的數量太麻煩了，所以改用大約2莫耳的鐵原子這種想法，不覺得簡明多了嗎？換句話說，在處理原子和分子等問題的化學上，將差不多6×10^{23}的數量「統整」成一項單位是最合適的。

模式3 改變粒子的大小尺寸（原子→肉包），進一步轉移軸心，挪到「時間」的概念（同時改變軸心和尺寸感的部分，象限①變到象限②）。

【說明3】

試想看看，假如我們要吃1莫耳的肉包。也就是說，要吃下6×10^{23}個肉包，那麼我們需要花上多少時間呢？

比方說，我們假設有個人1分鐘吃1顆肉包，1天連續吃上16個小時（8小時為睡眠時間），然後再假設全球60億人都在做這件事。

全球60億人1分鐘吃1顆肉包，連續吃上16小時的話，要花多少時間才能吃完1莫耳的肉包呢？

我們來算算看（算式如下）。想不到計算出來竟然得花上3億年。1莫耳就是「整合」了如此大到不可理喻的數字的單位。

注意，即使「3億年」這個數字很難想像，用「1兆人口來計算」這種**非現實數值來說明的話，反而有可能造成混亂**。因此，**在變更尺寸感的數值選擇上，選擇存在於現實的數值會比較安**

【算式】

16小時＝960分鐘，因此平均1人1天能吃下的肉包數量為960個。

而1年＝365天，所以平均1人1年能吃下的肉包數量為，

960×365＝350,400個（約莫35萬個）

接著60億人＝6,000,000,000人1年內能吃下的肉包數量為，

$350,400\times6,000,000,000\fallingdotseq2\times10^{15}$個

1莫耳＝6×10^{23}，所以要將6×10^{23}個肉包吃完需要花上

$6\times10^{23}\div(2\times10^{15})=3\times10^{8}$年（大約300,000,000年）

全一點（據說地球好歹也是誕生於約45億年前，3億年還算現實存在的數字，只不過還是很難想像到底有多久對吧？但這裡我們只要知道這是一項極大的數值就OK了）。

另外，前面**使用「比較」的說明過程中，基本上在變更尺寸感時必須在同象限（這裡是①）內處理**。將這項能力學到一定程度後，請挑戰看看改變軸心，也就是變更到其他象限來進行說明。

依我的經驗，還沒習慣就一口氣改變軸心跟尺寸感的話，有時候還會讓說明的自己產生混亂……。最後，我們要跟各位說2點關於說明時移動軸心到其他象限的難處。

難處1是，**讓對方產生自己好像已經懂了的感覺**。

換句話說，就是理解只停在很淺薄的地步。比方說，黃金可以藉由燃燒和電解銅礦來取得，鹿兒島縣所產的銅礦中1t可以取得大約30g的黃金。

假設1g的黃金價值5000日圓，當我們說明「銅礦石1t中含有差不多價值15萬日圓的黃金」時，有些情況對方可能心想：「哦，原來是這樣啊。」然後就停在這裡，感覺不需要再更深入理解了。

這項說明或許對黃金投資者來說比較會有反應，不過**我們應該根據聽者的性質，來判斷究竟要不要變更「黃金」這項說明軸心、有沒有必要做到不惜變更象限也要說明的地步。**

難點2是因為轉移象限的說明技巧**包含了Analogy（類比）的思考要素，有很高的機率在說明時過度脫離對方的感受。**一個弄不好，反而會導致理解混亂。

舉個例子，前面我對「莫耳」的說明，想必也有一些讀者會覺得很難理解。但這不是你們的問題，是因為我的說明能力也有極限。

前面講到的〔說明3〕裡頭，我們**有個前提**是「原子和分子這種小粒子跟肉包很像，都是圓形。」也就是說，我們是**在對方能進行類比的前提下才**進行說明的。因此，如果雙方沒有共同的前提認知，那就謝謝再聯絡了。

不過，有唯一1個方法可以降低這項風險。就是第3課「K」的內容，我們要對聽者進行徹底的心理側寫。

對聽者進行心理側寫，蒐集到越多資訊，就越可以進一步提高比喻的精確度。換句話說，可以將自己和對方的感受誤差控制在最小限度。

配合心理側寫所掌握之對方的程度和性質，以最恰當的比喻來說明的話，說明就會非常淺顯易懂。我們必須在說明前先確認，對方知道有肉包這種東西，那他有沒有辦法將原子和分子這類小粒子的印象投射到肉包上。

最後，我要來談談使用「說明表現矩陣」時需注意的點。

就我的經驗來講，**當我們打算進行橫軸（說明內容）不動、縱向動（比方說象限①→④）以及往相反事件移動（比方說象限①→③）的說明時，就會增加聽者難以產生感覺的風險。**之所以這樣，**是因為軸心的移動會大大受到對方的想像力影響。**

因此，說明時在移動軸心上不要去改變縱軸（說明的切入點），滑動的僅有橫軸部分的話，你的說明就很容易讓人產生感覺。

比方說要達成象限①→②的橫移，我們軸心變更用「個數→金錢」的情況來想想看。我用前面的「1莫耳」為例來說明給大家看。

【說明4】

假設這裡有1莫耳日圓（本來是不可能同時把2個單位放在一起的，這裡就權宜一下，將1莫耳日圓想成6×10^{23}日圓）。

假設日本政府編列的年預算約有100兆日圓（$=1\times10^{14}$日圓），

$$6\times10^{23}\div1\times10^{14}=1\times10^{9}\text{（年）}$$

依照這個計算，我們就知道1莫耳日圓可以撥出10億年份的政府預算。

不覺得，1莫耳真的是大到驚天地泣鬼神的數字嗎？

像這樣，聰明人就會使用變通的比喻，大大增加說明的深度。

結語

「老師！我終於懂了!!」

學生理解的那一瞬間所綻放的笑容，是任何東西都無法取代的。

我體驗過很多次全班學生的表情改變，令我整個人起雞皮疙瘩的感覺。那一刻，我非常慶幸自己從事了教職。

「原來讓人好好理解一件事情，會這麼令人開心啊。」

這也是影響我提筆寫下本書的契機，更是我生活的原動力。

本書的目的在於「讓讀者熟悉說明的『公式』，即使碰到對對方來說困難的內容也可以解釋得簡單明瞭。」

日本文部科學省最新公布的課綱中也指出，接下來的時代特別需要的能力為「創造力」。我將其解釋為「創造價值的能力」。

暢銷書《100歲的人生戰略》（林達・葛瑞騰（Lynda Gratton）等人著　東洋經濟新報社）裡頭也提到，接下來的時代將從資本主義走向價值主義。

具備創造力後，透過賦予過去的概念附加價值，或是推出全新的概念和內涵，可以創造前所未有的價值。

Facebook在「溝通」的抽象概念上有別於以往的社交媒體，創造「人與人之間的關係一個連一個」的附加價值。

Google從「搜尋」的抽象概念得到大數據，並以此為基礎開發搭載人工智慧的自動駕駛汽車。現在已經進入豐田汽車和Google打對台的時代了。

下一個時代，大概會由擁有這種創造力的企業推動世界吧。

我認為拉到個人的狀況來說也一樣。

HIKAKIN等YouTuber在YouTube這個平台上，透過個人創造出具有附加價值的影片內容吸引觀眾點閱，得到廣告收益。

這比起上電視的藝人和電視廣告的影響力大得多了。

我看在10年前根本就沒人能夠想像的到，未來會出現YouTuber這門職業。

這種價值的創造，是連人工智慧（AI）都望塵莫及的。

而且**這些價值，可以透過你的說明來創造**。

你的說明讓對方有深刻理解、而已經理解的人可以再對其他人做出深度的說明——這樣就會產生「知識連鎖」。然後新知識就會跟那個人的背景知識產生化學反應，源源不絕冒出全新的價值！

這麼一想，不覺得很令人興奮嗎？

「現在都已經是數位時代，你這種想法也太老類比時代了吧。」也許會有人這麼覺得。

可是正因為這樣，我更相信那些東西裡頭有辦法孕育出高價值的事物。

為了提升在這種時代有辦法創造價值的創造力，不可或缺的是能夠滲透到腦袋每一處角落的學習。而這種學習會誕生於人與人之間的溝通。不論有沒有實際雙向對話，說話和使用文字時就會促進學習了。

這種提高創造性學習的溝通能力，用本書的標題來說就是所謂「聰明人的說明」。做到從「不明白」到「明白」，說明能力的價值才存在。

有些價值就只有這樣的人有辦法創造，而這種價值的地位水漲船高的時代已經來臨了。

在「前言」也提過，去年我已經退出長期棲身的補教界第一線。

而我現在致力於減少那些只因為「沒辦法讓對方聽懂」就受挫的人、就放棄創造價值的人，因此舉辦了許多研習會及提供諮詢服務，幫助那些企業領袖和經營者提高Personal Value（個人價值）。

不管我面前的人從事什麼樣的職業、年齡多少，就近看見他們溝通上的說明能力成長，都是一件令人欣喜的事。

這也讓我又更加確信，指導者和教師等立場的人只要不斷培養能力，日本的教育會越來越好。

我非常認真地認為：「教育界的價值創造，會讓未來的日本更加朝氣蓬勃。」這不局限於學校等公共教育的相關人員，所有需要傳達事情的人都肩負著這樣的可能性。

閱讀本書的你，也是其中一人。

如果本書的內容能對各位、對日本的整體教育帶來微薄貢獻，身為本書的作者，肯定沒有比這還光榮的事了。

書也即將告一段落，請容我借這個場合表述我的謝意。

本書仰賴多方貴人相助方能出版。PHP研究所的木南勇二先生、eliesbook顧問公司的土井英司先生，兩位給予了我撰寫本書的機會以及諸多良言，實在感激不盡。

感謝吾友大橋啟人、鈴木謙太、內人綾香以讀者的角度提供了我許多寶貴的參考意見，在撰寫過程中著實幫上了大忙。謝謝你們。

還有，福岡的父母、以及埼玉的岳父母、奶奶總是支持我，真的十分謝謝。請你們一定要長命百歲。

而最後，我有些話想對拿起這本書的你說。

雖然我講的不過就是「說明」，但我想在這條路的前方存在著更具價值的東西。我認為，讓面前的人充分理解自己想要傳達的事情，就是你和面前那個人的聯繫。

結果來說，這會大大打開你的可能性，你和眼前的人會不斷在這個社會上和其他人搭上線。這和Facebook這種社交媒體上的聯繫完全不一樣。聯繫時的那種感覺，是一種文字口舌無法道盡的喜悅和激昂。我希望你也能體會這種感覺，這份信念使我筆耕不輟直到了這裡。你願意讀到最後，真的是感謝再感謝。

請你親手將「讓對方明白進而產生連結」的行為，變成更具價值的事物吧！

寫於可見湯島天滿宮的書齋

犬塚壯志

【IKPOLET法範本】

主題（希望對方理解的事情）和目的		[希望對方明白什麼？明白到哪個程度？]
Step 1	引起興趣（Interest）	[讓對方明白的好處是什麼？] [對方如果不明白的話有哪些風險？]
Step 2	讓自己站在聽者的知識和認識的立場（Knowledge）	[對方已經知道什麼了？]
Step 3	表明目的（Purpose）	[你希望對方了解的目的是什麼？] [為了達到目的有什麼手段？]
Step 4	展示大綱（Outline）	[整體模樣長怎麼樣？] [進展情況如何？]
Step 5	產生連結（Link）	[因果關係為何？] [背後原理是？] [統整起來會怎麼樣？] [有哪些相關知識？]
Step 6	具體化、拿出範例、證據（Embodiment, Example, Evidence）	[具體來說怎麼樣？] [範例和證據]有哪些？
Step 7	轉移（Transfer）	[要用在哪裡？]

■ **IKPOLET法的範本，**
可以掃下方QR碼下載。

URL：https://www.tagmydoc.com/viewer?url=https://www.tagmydoc.com/dl/fEDCV/htQh

【参考文献】

Biggs,Tang(2011)：『Teaching for quality Learning at University Fourth Edition』,Open University Press

（『Teaching for quality learning at university』）

Entwisle,N.(2009).Teaching for understanding at university：Deep approaches and distinctive ways of thinking.New York：Palgrave Macmillan.

Entwistle, N., McCune V., & Walker, P. (2010). Conceptions, styles, and approachs within higher education: Analytic abstractions and everyday experience. In R.J. Sternberg, & L.F. Zhang (Eds.), *Perspectines on thinking,learning,and cognitive styles* (pp.103-136). New York: Routledge.

McTighe,J., & Wigggins,G.(2004).Understanding by design：Professional development workbook. Alexandria, VA：Association for Supervision and Curriculum Development

『LIFE SHIFT』（リンダ・グラットン、アンドリュー・スコット 著　池村千秋 訳、東洋経済新報社、2016年）

『はじめての質的研究法 教育・学習編』（能智正博 監修、秋田喜代美 編藤江康彦 編、東京図書、2007年）

『残酷な世界で勝ち残る5%の人の考え方』（江上治 著、KADOKAWA、2018年）

『影響力の武器』（ロバート・B・チャルディーニ著 社会行動研究会 訳、誠信書房、2014年）

『世界がもし100人の村だったら』（池田香代子 著　C・ダグラス・ラミス訳、マガジンハウス、2001年）

『学習科学』（大島純ほか、放送大学教育振興会、2004年）

『物理基礎』（東京書籍）

【参考URL】

https://lifehacker.com/how-to-explain-complex-ideas-like-tech-to-those-who-d-1512002346 『How to Explain Complex Ideas (Like Tech) to Those Who Don't Understand』

https://kottke.org/17/06/if-you-cant-explain-something-in-simple-terms-you-dont-understand-it 『If you can't explain something in simple terms, you don't understand it』

https://www.nap.edu/read/9853/chapter/15 『How People Learn: Brain, Mind, Experience, and School: Expanded Edition(2000)Chapter:10 Conclusion』

〈作者簡歷〉

犬塚壯志（Inutsuka Masashi）

商務講座的專業個人價值創造師／

株式會社士教育董事長

出生於福岡縣久留米市。前駿台補習班（駿台預備學校）化學科講師。一般社團法人人工知能學會會員。

大學在學時期開始從事教職，教導高中生準備大考，年僅25歲便通過業界中有天下第一關之稱的駿台補習班錄取考試（當時最年輕）。

於駿台補習班工作時期開創的課程，在開課第一年度的報名開始日當天，報名人數就已經爆滿，甚至出現眾多候補者，可謂空前盛況。該課程成為聚集3,000人以上的超人氣講座，季別的化學課程聽講人數達到日本補教業界第一（不包含影像課程）。

更參與該補習班教材與模擬試題編纂以及課程設計，其品質在大學升學補教業界中堪稱最頂級。

以「於教育界創造價值方能使未來的日本欣欣向榮」為座右銘，自2017年最大限度發揮講師本身的「核心競爭力」，創辦日本前所未見的事業，承包以社會人士為對象的商務研習會、講座設計以及編纂教材等業務。活用補習班講師時期表演性極高的工作經驗，針對商務人士和經營者創建確立個人品牌、提高個人價值的教育課程。

同時也希望將社會改變成教學者可以更充分發揮的環境，目前正於東京大學研究所以學習環境為主題進行研究。

主要著書有《期中考對策　化學〔理論篇〕分數越有趣拿越多（定期テスト対策 化『理論編』の点数が面白いほど取れる本）》（ＫＡＤＯＫＡＷＡ）、《國公立標準題庫CanPass 化學基礎＋化學（国公立標準問題集CanPass化学基礎+化学）》（駿台文庫）等。

TITLE

簡單說

STAFF

出版　瑞昇文化事業股份有限公司
作者　犬塚壯志
譯者　沈俊傑

總編輯　郭湘齡
文字編輯　徐承義　蔣詩綺　李冠緯
美術編輯　孫慧琪
排版　靜思個人工作室
製版　昇昇興業股份有限公司
印刷　桂林彩色印刷股份有限公司

法律顧問　經兆國際法律事務所　黃沛聲律師

戶名　瑞昇文化事業股份有限公司
劃撥帳號　19598343
地址　新北市中和區景平路464巷2弄1-4號
電話　(02)2945-3191
傳真　(02)2945-3190
網址　www.rising-books.com.tw
Mail　deepblue@rising-books.com.tw

初版日期　2019年3月
定價　300元

國家圖書館出版品預行編目資料

簡單說 / 犬塚壯志著；沈俊傑譯. -- 初版. -- 新北市：瑞昇文化, 2019.02
256 面；14.8 X 21 公分
譯自：東大院生が開発!頭のいい説明は型で決まる
ISBN 978-986-401-313-5(平裝)
1.說話藝術 2.口才

192.32　108001669